Takashi Amano

Das Große Buch der Naturaquarien

Takashi Amano

Herstellung und Gestaltung: bede-Verlag

Originalausgabe in Japan unter dem Titel „Aqua Journal". Übersetzung und Bearbeitung in Lizenz von Aqua Design Amano.

Bildnachweis: Alle Fotos ADA, Aqua Design Amano.
ADA, Aqua Design Amano Co. Ltd., 8554-3 Urusiyama, Nigata 953 JAPAN
Tel. 481-256-72-6666, Fax 481-256-73-3579.
E-mail: nh3-ad@on.rim.or.jp; http:/www.rim.or.jp/-ada/ENG/ADA_e.html

Fachliche Durchsicht und Bearbeitung des deutschen Texts:
Dr. rer. nat. Jürgen Schmidt, Ruhmannsfelden

ISBN 3-931 792-80-3
bede-Bestellnummer: GB 019

Inhaltsverzeichnis

Sommersitz

Zwerg-Kleefarn,
Marsilea angustifolia

Einleitung

Schön bepflanzte Aquarien sind der Wunschtraum jeden Aquarianers. Daß dieser Traum durchaus zu verwirklichen ist, beweisen Takashi Amanos prächtige Naturaquarien. Sicher sind zur Einrichtung und zum Betrieb solcher Aquarien - trotz aller Technik - ein gewisses Einfühlungsvermögen und viel Geduld notwendig, was gerade junge Aquarianer stark fordert. Wenn das eingerichtete und bepflanzte Aquarium in vorgesehener Weise am Standort fertiggestellt wurde, dann ist durchaus viel Geduld gefordert, bis die ersten Fische ins Aquarium einziehen dürfen.
Glücklicherweise können bereits in den ersten Tagen unsere algenfressenden Helfer einziehen, die uns die ersten langen Tage etwas verkürzen. Wenn auch die algenfressenden Siamesischen Grünflossenbarben und Harnischwelse keine Farbwunder wie beispielsweise der Rote Neon darstellen, so macht es dennoch Freude, diese Fische beim Abweiden des Algenaufwuchses auf den neu eingesetzten Wasserpflanzen zu beobachten.

Daß nicht immer die allgegenwärtigen Roten Neonfische das Thema des Aquariums darstellen müssen, beweist dieses schöne naturnahe Aquarium, dessen Wirkung ausschließlich von einem Schwarm Keilfleckbärblingen bestimmt ist.

Dennoch sollen Ihnen die hier eingefügten Bilder einen ersten Eindruck davon vermitteln, wie das Wunschaquarium letztendlich aussehen könnte. Dabei kann es zunächst völlig offen bleiben, ob der Schwerpunkt bei der

Große Aquarien - wie dieses - lassen sich besser gestalten und leichter einrichten als kleine Aquarien. Auch die Fische fühlen sich meistens in großen Behältern wohler. Dennoch können auch kleine Aquarien prächtig eingerichtet und bepflanzt werden.

Bereits bei der Planung des Aquariums muß der zukünftige Fischbesatz berücksichtigt werden. Solche schöne Zuchtformguppys würden beispielsweise nicht gut zu Roten Neon passen.

Die Roten Neon kontrastieren schön mit dem hellgrünen rasenartigen Vordergrundbewuchs, während die rote Hintergrundbepflanzung wie ein natürlicher Bilderrahmen wirkt.

Fischauswahl eher aus südamerikanischen Salmlern oder aus südostasiatischen Bärblingen bestehen soll. Allerdings ist es wichtig, daß auch der voraussichtliche Fischbesatz des Aquariums schon vor der Bepflanzung bekannt ist, denn die Ansprüche der Pflanzen und der Fische an die Eigenschaften des Wassers müssen weitgehend übereinstimmen.

Die Vorgehensweise bei der Auswahl der Pflanzen und Fische wird von den Ansprüchen der Lieblingsfische und -pflanzen bestimmt. Alle weiteren hinzugesellten Organismen müssen diesen Pflegebedingungen entsprechen oder zu den robusten Arten zählen, welche sich unterschiedlichsten Bedingungen anpassen.

Dieses Buch soll Ihnen anhand anschaulicher Beispiele vermitteln, wie Sie bei Ihrer Auswahl am besten vorgehen. Dabei stehen Ihnen grundsätzlich zwei Wege offen. Zum einen können Ihnen die begeisternden Fotos eine Vorlage für die Nachgestaltung Ihres eigenen Aquariums sein. Zum anderen - und das wäre im Sinne Amanos der bessere Weg - sollen die Aufnahmen als Anregung dienen, der Philosophie der japanischen Naturaquarien zu folgen, und daraus Ihre eigenen Ideen zu entwickeln sowie ein eigenes Aquarium zu entwerfen.

Den japanischen Naturaquarien liegt die Idee zugrunde, daß ein attraktiver Kompromiß zwischen der Landschaftsgestaltung japanischer Gärten am Land und der Lebensphilosophie ihrer Planer und Erbauer gefunden und in unseren Unterwasserlandschaften nachempfunden werden soll. Dabei müssen selbstverständlich die Lebensansprüche der ausgewählten Pflanzen berücksichtigt werden. Die optimale Berücksichtigung aller dieser Faktoren findet sich dann in schönen Aquarien wieder, wobei dann oft vom sogenannten Grünen Daumen der Besitzer dieser Aquarien die Rede ist, während sie in Wirklichkeit nur diesen wenigen Grundsätzen Folge leisteten. Die strikte Beachtung der Regeln zur Planung und Einrichtung dieser Aquarien können Sie problemlos dem Buch von Takashi Amano: Ihr Hobby - Naturaquarien, entnehmen. Da dieses preisgünstige Buch in hoher Auflage erschien, wird in diesem Buch weniger auf die Einrichtung des Naturaquariums von Anfang an eingegangen, sondern vielmehr auf die Realisierung besonderer Ideen. Deshalb handelt es sich hier also eher um ein Buch für den fortgeschrittenen „Naturaquarianer", was selbstverständlich auch jeden anderen Naturfreund nicht vom Betrachten der herrlichen Bilder abhalten soll.

Jürgen Schmidt

Beim Besatz des Aquariums mit weniger auffälligen Fischen wird der Gesamteindruck eher von den bunten Wasserpflanzen geprägt.

Ein Schwarm Scheibensalmler, *Myleus rubripinnis*, im amazonischen Lebensraum.

Bilddaten:

Kamera:
Nikonos-V

Objektiv:
UW-Nikkor
15 mm

Blende: F 5,6

Belichtung:
1/250

Beilbäuche

Den ersten Eindruck vom Aquarium prägen die üppigen Wasserpflanzen. Erst den zweiten Blick schenken die unbefangenen Betrachter den Fischen. Zeigen die Fische eine ungewöhnliche Körperform, wie die Beilbauchsalmler, dann stellt dies einen willkommenen Kontrast zu den Pflanzen dar, der nicht ablenkt, sondern zusätzliche Aufmerksamkeit hervorruft. Deshalb sind Fische und Pflanzen immer als Gesamtheit anzusehen.
Diese Gesamtheit - das Aquarium - ist eine Komposition, die durchaus mit einem Bild vergleichbar ist, wobei auch hier jeder einzelne Bestandteil seine Funktion hat und seine ihm eigene Wirkung erzeugt.

Platinbeilbauchsalmler,
Thoracocharax securis.

Rotkopfsalmler,
Hemigrammus bleheri.

Vor allem bei der Pflege kleinerer Aquarien liegt die Kunst in der Beschränkung. In diesem 60 x 30 x 36 cm (Länge x Tiefe x Höhe) großen Aquarium werden neben den algenfressenden Zwergharnischwelsen und Yamatonuma-Garnelen nur Platinbeilbäuche, Rotnasen und Karfunkelsalmler gepflegt. Mit diesen Fischen ist das Aquarium eigentlich bereits überbesetzt und eine dauerhafte gute Pflege gelingt nur durch die optimale Betreuung.

Pflanzplan

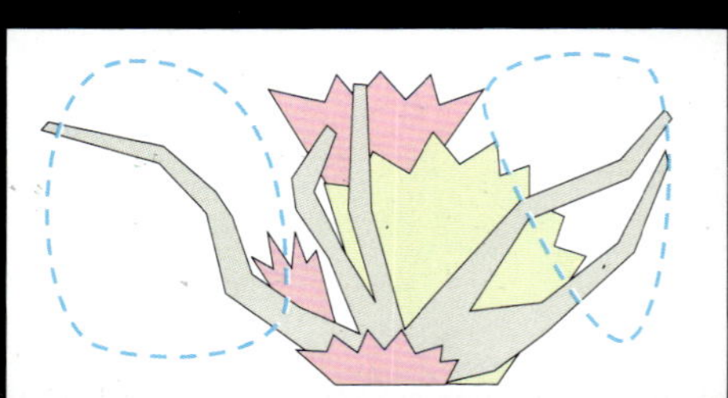

Daten:

60 x 30 x 36 cm,
4 s 20 W,
10 Stunden/Tag
CO_2-Düngung
ca. 3 Blasen/min.,
24 °C,
pH-Wert 6,8,
10 °dGH, 4 °KH,
0 mg/l NH_4^-,
0,02 mg/l NO_2^-,
2 mg/l NO_3^-,
0,2 mg/l PO_4^{3-}.

Pflanzen s. S. 16

Tiere:

Caridina japonica	Yamatonuma-Garnele
Hemigrammus bleheri	Rotnase
Hemigrammus pulcher pulcher	Karfunkelsalmler
Otocinclus sp.	Zwergharnischwels
Thoracocharax securis	Platinbeilbauchsalmler

Pflanzen:

Nesaea sp.	Fettweiderich
Ludwigia arcuata	Schmalblättrige Ludwigie
Rotala wallichii	Feinblättrige *Rotala*
Rotala macrandra	Dichtblättrige *Rotala*
Hemianthus micranthemoides var.	Zierliches Perlenkraut
Rotala rotundifolia var. grün	Rundblättrige *Rotala*
Micranthemum umbrosum	Rundblättriges Perlenkraut
Mayaca fluviatilis	Fluß-Mooskraut
Glossostigma elatinoides	Australisches Zungenblatt
Riccia fluitans	Flutendes Lebermoos
Echinodorus tenllus	Grasartige Amazonasschwertpflanze
Hydrocotyle verticillata var. *verticillata*	Amerikanischer Wassernabel
Hydrocotyle verticillata var. *maritma*	Amerikanischer Meer-Wassernabel

Schmalblättrige Ludwigie,
Ludwigia arcuata.

Feinblättrige *Rotala*,
Rotala wallichii.

Dichtblättrige *Rotala*,
Rotala macrandra.

Karfunkelsalmler, *Hemigrammus pulcher pulcher.*

Fluß-Mooskraut,
Mayaca fluviatilis.

60 x 30 x 36 cm
Schöne kleine Aquarien mit sinnvoll kleinem Fischbesatz

Leuchtaugen-Kärpfling, *Priapella intermedia.*

Roter Phantomsalmler, *Megalamphodus sweglesi.*

Alle hier vorgestellten Aquarien sind außerdem mit Yamatonuma-Garnelen und Zwergharnischwelsen zur Algenbekämpfung besetzt.

Roter Phantomsalmler, *Megalamphodus sweglesi.*

Blauer Leuchtaugenfisch, *Aplocheilichthys normani.*

Flaggensalmler,
Hemigrammus ulreyi.

Schwarzer Neonsalmler,
Hyphessobrycon herbertaxelrodi.

Karfunkelsalmler,
Hemigrammus pulcher pulcher.

Marmorierter Beilbauchsalmler,
Carnegiella strigata fasciata.

Blauer Leuchtaugenfisch,
Aplocheilichthys normani.

Schwarzfleckenkärpfling,
Fundulus olivaceus.

Aquarien mit einem Einrichtungsschwerpunkt in der Mitte einzurichten, ist besonders schwierig, wenn ein solches Aquarium nicht langweilig wirken soll. Hier wurde das Problem in der Art gelöst, daß die zentrale Wasserpflanzengruppe mit einer ähnlichen Pflanzenart nach hinten links erweitert wurde und der freie Schwimmraum für die Fische in ähnlicher Weise vom Vordergrund nach hinten rechts. So entsteht trotz zentralem Schwerpunkt, aber mit unterschiedlich gewichteten Seiten, ein optisch ansprechendes Aquarium.

Pflanzplan

Daten:

75 x 45 x 45 cm,
6 x 20 W,
10 Stunden/Tag
CO_2-Düngung
ca. 4 Blasen/min.,
26 °C,
pH-Wert 6,8,
10 °dGH, 4 °KH,
0 mg/l NH_4^+,
0,02 mg/l NO_2^-,
2 mg/l NO_3^-,
0,2 mg/l PO_4^{3-},

Pflanzen s. S. 22

Tiere:

Caridina japonica
Yamatonuma-Garnele
Hyphessobrycon erythrostigma
Kirschflecksalmler
Otocinclus sp.
Zwergharnischwels
Thayeria boehlkei
Schrägschwimmer
Thoracocharax securis
Platinbeilbauchsalmler

Kirschflecksalmler, *Hyphessobrycon erythrostigma*.

Pflanzen:

Ludwigia arcuata	Schmalblättrige Ludwigie
Rotala macrandra var.	Dichtblättrige *Rotala*
Eusteralis stellata	Sternpflanze
Nesaea sp.	Fettweiderich
Hemianthus micranthemoides var.	Zierliches Perlenkraut
Glossostigma elatinoides	Australisches Zungenblatt
Anubias barteri var. *nana* „Narrow"	Narrow-Zwergspeerblatt
Hydrocotyle verticillata var. *maritma*	Amerikanischer Meer-Wassernabel
Eleocharis acicularis	Nadelsimse

Sternpflanze,
Eusteralis stellata.
Von dieser schönen feinblättrigen Aquarienpflanzen existieren verschiedene Farbvarianten.

Pflanzenliste für das auf den Seiten 24/25 abgebildete Aquarium:

Ludwigia arcuata	Schmalblättrige Ludwigie
Rotala wallichii	Feinblättrige *Rotala*
Nesaea sp.	Fettweiderich
Alternanthera sessilis var. *lilacina*	Sitzendes Papageienblatt
Rotala macrandra	Dichtblättrige *Rotala*
Ludwigia palustris var. *peruensis*	Peru-Sumpflöffelchen
Micranthemum umbrosum	Rundblättriges Perlenkraut
Lagarosiphon madagascariensis	Madagassische Wasserpest
Echinodorus tenellus	Grasartige Amazonasschwertpflanze
Sagittaria subulata	Kleines Pfeilkraut
Eleocharis acicularis	Nadelsimse
Microsorum pteropus	Javafarn
Eleocharis vivipara	Regenschirm-Nadelsimse

Peru-Sumpflöffelchen, *Ludwigia palustris* var. *peruensis*.

Madagassische Wasserpest, *Lagarosiphon madagascariensis*

Es ist üblich, Aquarien von vorn zu betrachten. Aber auch in der Seitenansicht ergeben sich interessante „Einsichten“.
Ein solches Aquarium könnte beispielsweise in einer Zimmerecke stehen. Entsprechend der Sichtweise des Betrachters, befindet sich der freie Schwimmraum der Fische sowohl links als auch im Vordergrund des Aquariums.

Pflanzplan

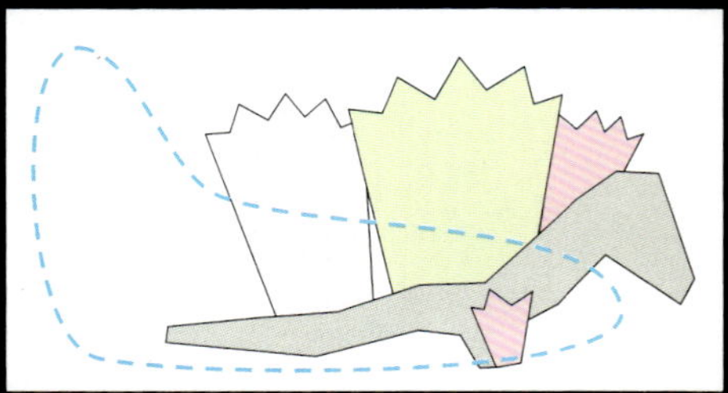

Daten:

90 x 45 x 45 cm,
6 x 32 W,
10 Stunden/Tag
CO_2-Düngung
ca. 3 Blasen/min.,
25 °C,
pH-Wert 6,6,
16 °dGH, 6 °KH,
0 mg/l NH_4^+,
0,02 mg/l NO_2^-,
1 mg/l NO_3^-,
0,2 mg/l PO_4^{3-},
wöchentlich 1/4 Wasserwechsel.

Pflanzen s. S. 23

Tiere:

Caridina japonica	Yamatonuma-Garnele
Megalamphodus sweglesi	Roter Phantomsalmler
Moenkhausia pittieri	Brillantsalmler
Nannostomus trifasciatus	Dreibinden-Ziersalmler
Otocinclus sp.	Zwergharnischwels

Rote Neonsalmler

Es ist gar nicht so einfach, ein schönes und geschmackvolles Aquarium mit Roten Neon einzurichten. Das liegt daran, daß einerseits Rote Wasserpflanzen gut mit den roten Farben der Neon harmonieren, daß aber andererseits Kontraste zur diesen roten Farben geschaffen werden müssen, was hier sehr schön durch den Nadelsimsenrasen realisiert wurde.

Roter Neonsalmler, *Paracheirodon axelrodi.*

Pflanzplan

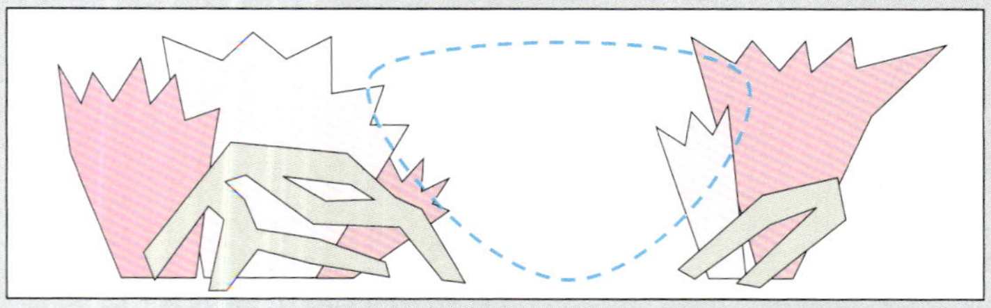

Daten:

120 x 45 x 45 cm, 6 x 20 W, 10 Stunden/Tag; CO_2-Düngung ca. 3 Blasen/min., 25 °C, pH-Wert 6,8, 16 °dGH, 6 °KH, 0 mg/l NH_4^+, 0,05 mg/l NO_2^-, 2 mg/l NO_3^-, 0,2 mg/l PO_4^{3-}, wöchentlich $^1/_3$ Wasserwechsel.

Pflanzen s. S. 28

Tiere:

Caridina japonica	Yamatonuma-Garnele
Otocinclus sp.	Zwergharnischwels
Paracheirodon axelrodi	Roter Neonsalmler

Hohe Segelflosser

Pflanzen:

Ludwigia arcuata	Schmalblättrige Ludwigie
Rotala indica	Indische Feinblättrige *Rotala*
Rotala wallichii	Feinblättrige *Rotala*
Nesaea sp.	Fettweiderich
Eleocharis acicularis	Nadelsimse

Kaisersalmler, *Nematobrycon palmeri.*

Brillantsalmler, *Moenkhausia pittieri.*

Hoher Segelflosser, *Pterophyllum altum.*

Brillantsalmler, *Moenkhausia pittieri.*

Pflanzenliste für das auf den Seiten 30/31 abgebildete Aquarium:

Eusteralis stellata	Sternkraut
Rotala macrandra sp.	Dichtblättrige *Rotala* I
Rotala macrandra	Dichtblättrige *Rotala* II
Rotala wallichii	Feinblättrige *Rotala*
Ludwigia palustris var. *peruensis*	Peru-Sumpflöffelchen
Rotala sp.	Unbekannte *Rotala*
Eichhornia diversifolia	Verschiedenblättrige Wasserhyazinthe
Micranthemum umbrosum	Rundblättriges Perlenkraut
Eusteralis verticillata	Rundblättriges Sternkraut
Hemianthus micranthemoides	Zierliches Perlenkraut
Limnophila aquatica	Wasser-Sumpffreund
Blyxa auberti	Auberts Fadenkraut
Marsilea angustifolia	Kleiner Kleefarn
Eleocharis acicularis	Nadelsimse
Anubias barteri var. *nana*	Zwergspeerblatt
Anubias barteri var. *barteri*	Barters Speerblatt
Anubias heterophylla	Verschiedenblättriges Speerblatt
Sagittaria subulata	Kleines Pfeilkraut
Cryptocoryne wendtii var.	Wendts Wasserkelch
Cryptocoryne wendtii „Mi Oya“	Mi Oya-Wendt-Wasserkelch
Vesicularia dubyana	Javamoos
Microsorum pteropus	Javafarn
Bolbitis heudelotii	Kongofarn

Hohe Segelflosser

Es ist der Traum vieler Aquarianer, den Hohen Segelflosser oder Altum-Skalar zu pflegen und vielleicht sogar zu züchten. Eine wesentliche Voraussetzung, dies zu verwirklichen, ist die Pflege unter möglichst optimalen Bedingungen, was selbstverständlich mit der Haltung im perfekt bepflanzten naturnahen Aquarium bedeutet.

Zuchtformguppy-Pärchen, *Poecilia reticulata* var. Von manchen Aquarianern werden Skalare und Guppys gemeinsam gepflegt, denn die Skalare lieben kleine Guppys...

Pflanzplan

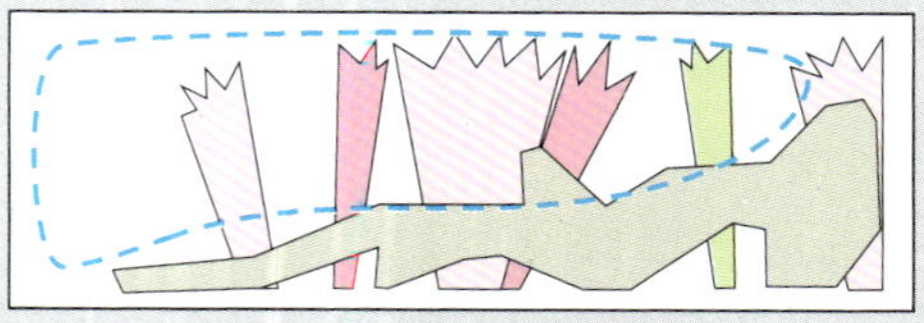

Daten:

180 x 60 x 60 cm, 24 x 20 W, 10 Stunden/Tag; CO_2-Düngung ca. 3 Blasen/min., 25 °C, pH-Wert 7,0, 16 °dGH, 6 °KH, 0 mg/l NH_4^+, 0,02 mg/l NO_2^-, 2 mg/l NO_3^-, 0,2 mg/l PO_4^{3-}, wöchentlich $^1/_4$ bis $^1/_3$ Wasserwechsel.

Pflanzen s. S. 29.

Tiere:

Caridina japonica	Yamatonuma-Garnele
Otocinclus sp.	Zwergharnischwels
Pterophyllum altum	Hoher Segelflosser
Moenkhausia pittieri	Brillantsalmler
Nematobrycon palmeri	Kaisersalmler
Hemigrammus bleheri	Rotnase

Wasserpflanzen

Die Wasserpflanzen stellen das Herz des Aquariums dar. Wenn die Fische für die Belebung sorgen und letztendlich an der Wirkung mitbeteiligt sind, so wird doch der Gesamteindruck des Aquariums im Wesentlichen von der Bepflanzung beeinflußt. Das Dekorationsmaterial aus Holz oder Steinen muß in bepflanzten Aquarien im Zusammenhang mit den Wasserpflanzen betrachtet werden. Wie an dem hier abgebildeten Beispiel deutlich wird, kann das Dekorationsmaterial als Substrat für aufwachsende Pflanzen wie dem Javamoos dienen. Zwar muß das Javamoos zunächst festgebunden werden, aber bereits nach zwei Wochen hat es sich fest verankert und bleibt selbsttätig am Moorkienholz haften.

Riccia - das Teichlebermoos - ist eigentlich eine Schwimmpflanze. Wenn das *Riccia*-Moos jedoch auf Steinen festgebunden wird, dann verankert es sich ebenfalls daran und bildet so, wenn die Steine mit dem Moos dicht nebeneinander gelegt werden, einen schönen Rasen, der optimal für die Vordergrundgestaltung geeignet ist. Neben den Moosen dominieren unter den hochwüchsigeren Pflanzen die Perlenkräuter das Aquarium. Pflanzen mit roten Farben wurden nur sparsam eingesetzt. Deshalb passen die Blauen Neonsalmler, mit ihren etwas gedeckteren Farben eher als jene der anderen Neon, besonders gut in diese gelungene Aquariumkomposition.

Es wirkt, als würden kleine lebende blaue Saphirsplitter über einem smaragdenen Teppich schwimmen.

Der beste Effekt wird bei der Bepflanzung dann erreicht, wenn Gruppen gleichartiger Pflanzen neben Pflanzen mit völlig anderen Blattformen- und -farben plaziert werden.

Rundblättriges Perlenkraut, *Micranthemum umbrosum.*

Zierliches Perlenkraut, *Hemianthus micranthemoides* var.

Behaarter Wasserfreund, *Hygrophila corymbosa* var. *angustifolia.*

Riesenwasserfreund, *Hygrophila corymbosa* var.

Indische Feinblättrige *Rotala*, *Rotala indica.*

Pfennigkraut, *Lysimachia nummularia.*

Schöne Aquarienbepflanzungen lassen sich nur dann erzielen, wenn dem Aquarianer die wichtigsten Arten und ihre Ansprüche bekannt sind.

Indischer Wasserfreund,
Hygrophila polysperma.

Indischer Wasserfreund,
Hygrophila polysperma
var. „gold-braun".

Gegabelte Haarnixe,
Cabomba furcata.
Diese empfindliche Wasserpflanze ist unter dem ungültigen Namen *Cabomba piauhyensis* bekannter.

Kleines Fettblatt,
Bacopa monnieri.

Spitzmaul-Ziersalmler,
Nannobrycon eques.
Dieses friedliche kleine Fischlein ist optimal zur Pflege im Wasserpflanzen-aquarium geeignet.

Seegrasblättriges Trugkölbchen,
Heteranthera zosterifolia.

Die Wasserpflanzenzucht

Unsere Aquarienpflanzen sind größtenteils keine echten Wasserpflanzen, sondern Sumpfpflanzen, die auch untergetaucht leben können. Glücklicherweise werden die Pflanzen nicht mehr der Natur entnommen, so daß die Biotope ungestört bleiben. In riesigen Aquarienpflanzengärtnereien werden die Sumpfpflanzen in der Überwasserkultur herangezogen, weil sie so schneller wachsen und in erheblich größeren Stückzahlen vermehrt werden können. Nur dadurch sind diese Qualitätspflanzen zu erschwinglichen Preisen im Fachhandel erhältlich - und das ist ja im Interesse sowohl des Handels als auch der Aquarianer. Vom Fachhändler werden nur solche Pflanzen angeboten, die sich problemlos von der Sumpf- in die Unterwasserkultur umgewöhnen.

Die Keimlingsanzucht in sterilen Schränken.

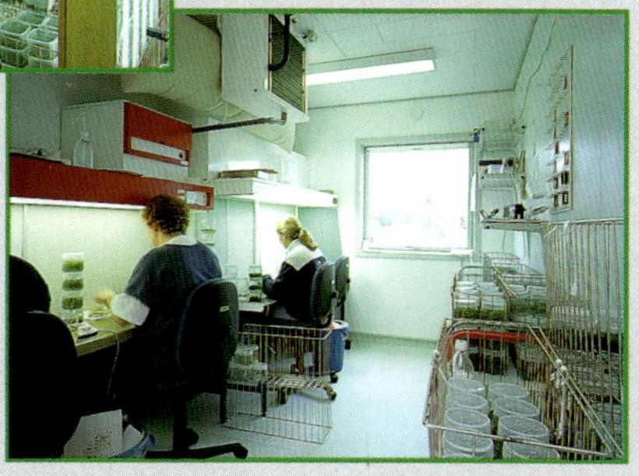

Auch das Pikieren und Verpflanzen erfolgt unter sterilen Bedingungen.

Die großen *Eichinodorus*-Mutterpflanzen bilden reichlich Ableger und dienen zugleich als Zierpflanzen.

Manche Sumpfpflanzenkulturen müssen selbst in den Warmhäusern zusätzlich abgedeckt werden, damit die empfindlichen Blätter nicht vertrockenen.

Die Kohlendioxidversorgung.

Die Vereinzelung der Pflanzen und Vorbereitung für den Versand.

Qualitätspflanzen sind mit Namensschildern versehen.

Helfers Cyperngras, *Cyperus helferi*, kurz vor der Auslieferung.

In ein schönes Aquarium gehören die Fische genauso wie die Pflanzen. Doch erst in der funktionierenden und geschmackvollen Zusammenstellung zeigt sich die wirkliche Erfahrung des Aquarianers. Denn - je nach Ansprüchen der ausgewählten Organismen - paßt ja bei weitem nicht alles zusammen, was zunächst kombinierbar erscheinen mag. Die ökologischen und aquaristischen Ansprüche der Pflanzen und Tiere ist der entsprechenden Aquarienliteratur leicht zu entnehmen. Doch nur mit Übereinstimmung der bevorzugten Wasserwerte ist noch lange kein funktionierendes Zusammenleben der bevor-

zugten Pfleglinge im Aquarium garantiert. In der richtigen Zusammenstellung liegt die wahre Kunst!
Auch die Suche nach Vorbildern in der Natur muß oft erfolglos bleiben. Sicher - es gibt wunderschöne Biotope mit fantastischem Wasserpflanzenwuchs - doch stellen diese eher die Ausnahme dar.

Die typischen Lebensräume der tropischen Fische sind aufgrund des Lichtmangels unter den großen Tropenbäumen und des Vorhandenseins von zahlreichen Pflanzenfressern meist eher pflanzenarm und werden - wenn überhaupt Wasserpflanzen vertreten sind - oft von einer Art oder nur wenigen Arten dominiert.

Das Tausendblatt

Ein typisches Beispiel für einen Biotop, der von einer Art dominiert wird, zeigen diese in Amazonien entstandenen Aufnahmen. Neben den aus dem Wasser herausgewachsenen Brasilianischen Tausendblättern, *Myriophyllum aquaticum*, sind nur vereinzelte Blätter von *Echinodorus*-Arten zu sehen. Interessant ist, daß auch diese als typische Wasserpflanze bekannte Art zum größten Teil aus dem Wasser herausgewachsen ist.

Tausendblätter sind zwar anspruchsvolle, aber trotzdem aufgrund ihrer interessanten Blattstruktur beliebte Aquarienpflanzen. Doch um einen dichten und kompakten Wuchs zu erzielen - denn nur so wirkt die Pflanze wirklich schön - ist eine kräftige Beleuchtung wichtig. Und auch ohne Eisen- und Mangandünger wird der Aquarianer kaum dauerhafte Erfolge haben. Die Stengelpflanzen wachsen rasch sehr lang und girlandenartig. Um für die Sproßteilung zur Vermehrung besonders kräftige Exemplare zu erhalten, müssen die Pflanzen einige Zeit direkt unter der Oberfläche entlang wachsen können, vorausgesetzt, die darunter wachsenden Pflanzen werden dadurch nicht zu sehr beschattet oder gar geschädigt. Von kräftigen Pflanzen abgetrennte Stengel wurzeln leicht und sind zur Bildung neuer Bestände gut geeignet. Wie alle Stengelpflanzen wird auch das Brasilianische Tausendblatt in Gruppen gepflanzt, die sehr schön zu Büscheln mit Arten, die andere Blattstrukturen aufweisen, kontrastieren und damit die Wirkung zusätzlich verbessern.

Daten vom Fundort:

(11.05.1995, 10.00 Uhr)
Wasser: 13 °C, Licht: 5000-10000 Lx.
pH-Wert 6,0,
3 °dGH, 3 °KH, 150 µS/cm.
0 mg/l NH_4^+,
0,02 mg/l NO_2^-,
1 mg/l NO_3^-,
2 mg/l PO_4^{3-},
5 mg/l COD (Gesamtgehalt gelöster organischer Bestandteile).

Die Philosophie der Naturaquarien ist es, besonders attraktive Lebensräume zu gestalten, wobei nicht Vorbilder aus der Natur exakt nachgestaltet werden, sondern vielmehr real beobachtete, aber auch vorstellbare Biotope mit den Mitteln der Aquaristik gestaltet werden. Der Trick liegt also darin, keine genaue Kopie der Natur erstellen zu wollen, was unter den beengten Aquariumverhältnissen gar nicht gelingen kann, sondern die Vorbilder aus der Natur geschickt auf die Bedingungen der Aquaristik zu übertragen.

Der stille See

Platinbeilbäuche

Platinbeilbäuche im 60 cm langen Aquarium in der Aufsicht.

Guppymännchen

Guppymännchen im 60 cm langen Aquarium.

Guppymännchen

Daten:

60 x 30 x 36 cm, 4 x 20 W, 10 Stunden/Tag, CO_2-Düngung ca. 3 Blasen/min., 24 °C, pH-Wert 7,0, 2 °dGH, 7 °KH, 1/3 Wasserwechsel pro Woche.

Guppys gelten als „Anfängerfische“ schlechthin, obwohl einige ihrer Zuchtformen durchaus einer größeren Aufmerksamkeit bedürfen. Wenn - wie hier - verschiedene Zuchtformen gemeinsam gepflegt werden, müssen die Männchen von den Weibchen getrennt gehalten werden, damit es nicht zu unerwünschten Vermischungen der Stämme kommt. Zu Zuchtzwecken vorgesehene Männchen können hier leicht aus der Gruppe herausgefangen werden. Das lebendige Spiel der quirligen Guppymännchen kontrastiert schön zur einheitlich wirkenden Bepflanzung, in der das Teichlebermoos dominiert.

Pflanzplan

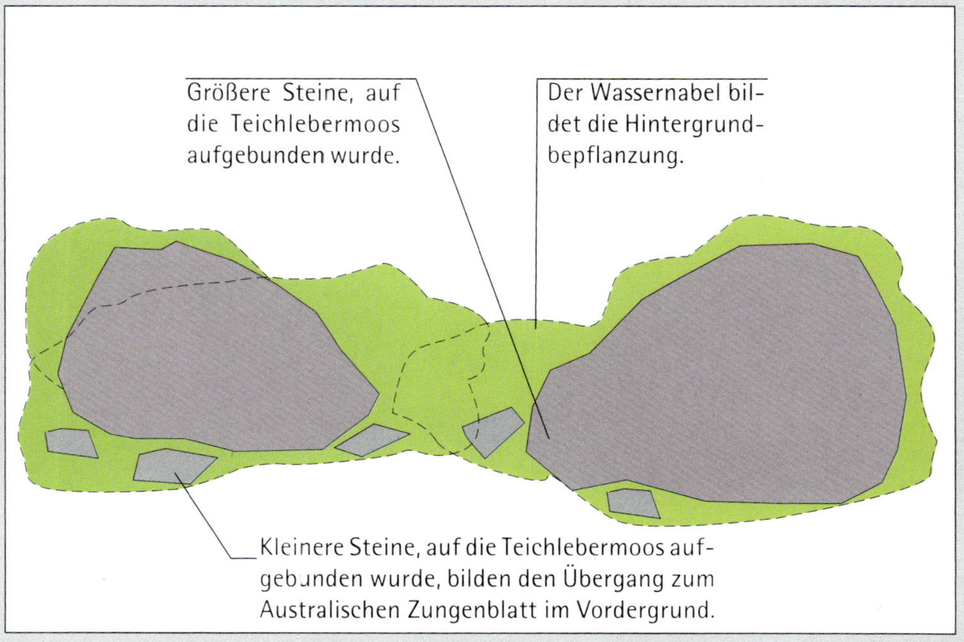

Tiere:

Caridina japonica
Yamatonuma-Garnele
Otocinclus sp.
Zwergharnischwels
Poecilia reticulata var.
Guppy

Pflanzen:

Glossostigma elatinoides
Australisches Zungenblatt
Sagittaria subulata forma *pusilla*
Kleines Pfeilkraut
Riccia fluitans
Flutendes Teichlebermoos
Hydrocotyle verticillata var. *maritma*
Amerikanischer Meer-Wassernabel

Guppy, *Poecilia reticulata.*

Daten:

60 x 30 x 36 cm, 4 x 20 W, 10 Stunden/Tag, CO_2-Düngung ca. 3 Blasen/min., 24 °C, pH-Wert 7,6, 2 °dGH, 6 °KH, 1/3 Wasserwechsel pro Woche.

Pflanzplan

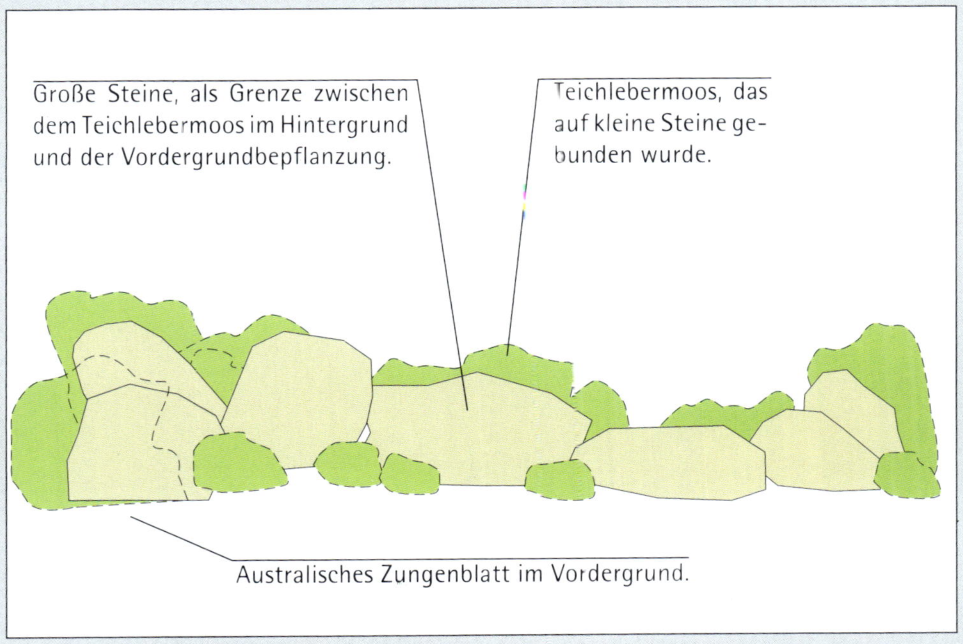

Orangeroter Zwergsalmler

Teichlebermoos ist ein gutes Gestaltungselement, um einen rasenartigen flächigen Bewuchs zu erreichen. Das vielseitige Moos ist zur Pflege als Schwimmpflanze und - auf Steine gebunden - am Bodengrund geeignet. Die Pflanze ist in jedem Falle ein ideales Laichsubstrat für Aquarienfische, vor allem für freilaichende Arten, wie Salmler oder Barben, hat es sich bewährt. Die beiden zur Bepflanzung verwendeten Arten sind hier durch skurrile Steine in optisch ansprechender Weise getrennt, wobei die Trennung nicht zu exakt vorgenommen werden darf, um einen natürlich wirkenden Effekt zu erzielen.

Tiere:

Yamatonuma-Garnele — *Caridina japonica*

Zwergharnischwels — *Otocinclus* sp.

Orangeroter Zwergsalmler — *Ladigesia roloffi*

Pflanzen:

Australisches Zungenblatt — *Glossostigma elatinoides*

Flutendes Teichlebermoos — *Riccia fluitans*

Orangeroter Zwergsalmler, *Ladigesia roloffi.*

Orangeroter Zwergsalmler

Schneiden - schneiden - schneiden

Das Teichlebermoos muß regelmäßig gekürzt werden, denn wenn es im unteren Bereich kein Licht mehr erhält, dann fault es von der Aufbindung am Stein ab und schwimmt auf.

Größere der abgeschnittenen Moosbüschel können zur Neuanpflanzung genutzt werden. Das Büschel wird einfach unter einen kleinen Stein geklemmt und an der vorgesehenen Stelle plaziert. So kann der vorhandene Bestand schnell und problemlos erweitert werden.

Um die kleinen Pflänzchen des Australischen Zungenblatts im Vordergrund zurückschneiden zu können, ist eine sehr lange und besonders spitze Schere gerade richtig. Das Zungenblatt muß regelmäßig beschitten werden, damit es nicht zu groß wird und als Vordergrundpflanze geeignet bleibt.

Javamoos muß flach angeschnitten werden und muß zudem wie das Teichlebermoos regelmäßig gekürzt werden, damit es nicht zu lang wird und dann weniger schön wirkt. Da sonst auch hier die unteren Bereiche des Mooses zu schnell absterben.

Veralgte oder beschädigte Blätter, die in Oberflächennähe gewachsen sind, können einfach mit den Fingernägeln abgezwickt werden.

Auch die hochwüchsigen Stengelpflanzen der Hintergrundbepflanzung müssen regelmäßig eingekürzt werden.

Das Zurückschneiden der Stengelpflanzen ist notwendig, weil die Pflanzen ansonsten die gesamte Wasseroberfläche zuwuchern würden, wodurch den anderen Pflanzen die Lebensgrundlage in Form des Lichts entzogen wäre. Zudem sehen solche Aquarien nicht sonderlich attraktiv aus.

Die Stengelpflanzen können etwa in der Höhe der Mittelbereichsbepflanzung abgeschnitten werden, so daß die zurückbleibenden Stengel nicht ganz so unschön auffallen, weil sie in der Zeit, bis die neuen Seitentriebspitzen erscheinen, etwas unattraktiv wirken.

Auch ältere Blätter der Pflanzen der mittleren Aquarienbereiche müssen hin und wieder entfernt werden, damit diese Pflanzen nicht zu groß werden und die kleineren Pflänzchen beschatten. Langsamwüchsigere Arten wie Speerblätter und Wasserkelche dürfen aber nur sparsam zurückgeschnitten werden, weil allzusehr gestörte Pflanzen ansonsten eine Wachstumspause einlegen könnten.

Einrichten mit Moorkienholz

Einrichten mit Moorkienholz und roten Pflanzen

Daten:

60 x 30 x 36 cm, 4 x 20 W, 10 Stunden/Tag, CO_2-Düngung ca. 2 Blasen/min., 24 °C, pH-Wert 7,0, 4 °dGH, 7 °KH, 1/3 Wasserwechsel pro Woche.

Tiere:

Caridina japonica
Yamatonuma-Garnele
Otocinclus sp.
Zwergharnischwels
Hemigrammus rodwayi
Messingsalmler
Thoracocharax securis
Platinbeilbauchsalmler

Pflanzen:

Echinodorus tenellus
Grasartige Schwertpflanze
Cryptocoryne wendtii var.
Wendts Wasserkelch I
Cryptocoryne wendtii var.
Wendts Wasserkelch II
Cryptocoryne bullosa var.
Blasen-Wasserkelch
Hydrocotyle verticillata var. *maritima*
Amerikanischer Meer-Wassernabel
Hydrocotyle verticillata var.
Amerikanischer Wassernabel
Dorimalia cordata var.
Herzblatt
Cyperus helferi
Helfers Cyperngras
Echinodorus X „Rubin“
Rubin-Amazonas
Lagarosiphon madagscariensis
Madagassische Wasserpest
Hygrophila polysperma
Indischer Wasserfreund
Rotala macrandra sp.
Schmal-Dichtblättrige *Rotala*
Ludwigia arcuata
Schmalblättrige Ludwigie

Pflanzplan

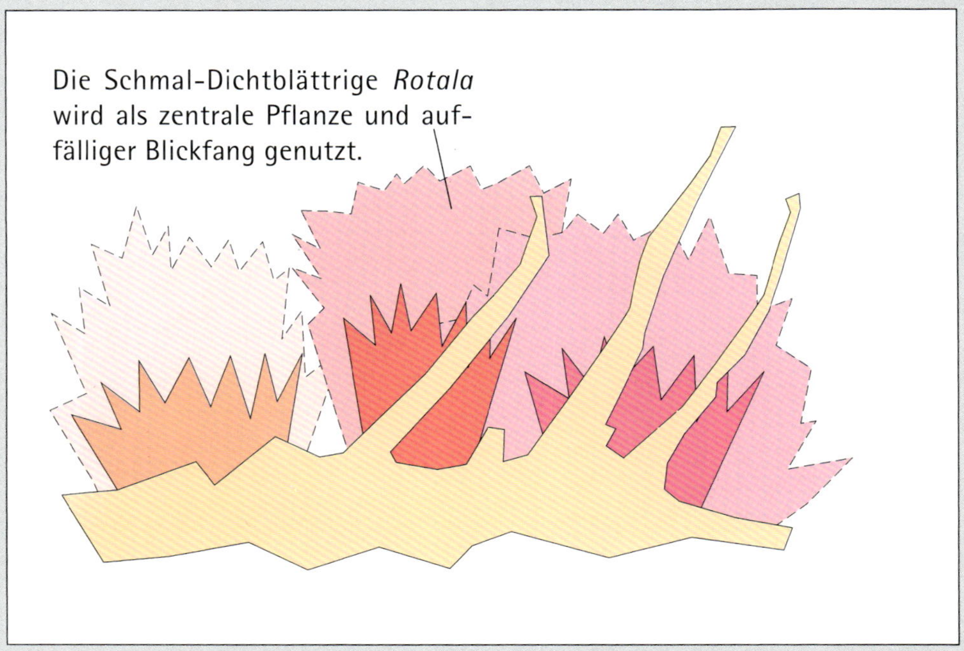

Platinbeilbauch, *Thoracocharax securis.*

Messingsalmler, *Hemigrammus rodwayi.*

Pflanzplan

Karfunkelsalmler, *Hemigrammus pulcher*.

Tiere:

Caridina japonica
Yamatonuma-Garnele
Otocinclus sp.
Zwergharnischwels
Hemigrammus pulcher
Karfunkelsalmler

Pflanzen:

Glossostigma elatinoides
Australisches Zungenblatt
Eleocharis acicularis
Nadelsimse
Cryptocoryne affinis
Ähnlicher Wasserkelch
Cryptocoryne undulata var.
Gewellter Wasserkelch
Cryptocoryne albida
Weißlicher Wasserkelch
Hygrophila polysperma
Indischer Wasserfreund
Microsorum pteropus
Javafarn
Ludwigia arcuata
Schmalblättrige Ludwigie
Vallisneria americana var. *neotropicalis*
Wasserschraube
Hydrocotyle verticillata var. *maritima*
Amerikanischer Meer-Wassernabel

Daten:

60 x 30 x 36 cm, 4 x 20 W, 10 Stunden/Tag, CO_2-Düngung ca. 2 Blasen/min., 24 °C, pH-Wert 6,8, 3 °dGH, 5 °KH. $^1/_3$ Wasserwechsel pro Woche.

Einrichten mit Moorkienholz

Putzen - putzen - putzen

Mit einem neuen Geodreieck oder einem ähnlichen Gerät aus weichem Kunststoff lassen sich die Scheiben gut reinigen, ohne daß die Gefahr besteht, sie zu verkratzen.

Mit einer Zahnbürste werden in den Ecken und Klebefugen des Aquariums die Algen und anderer Schmutz entfernt.
Für diese Putzarbeiten dürfen keinen Haushaltsschwämme verwendet werden, weil diese zu Kratzern auf den Scheiben führen, welche unschön wirken und in denen sich die Algen besonders gut festsetzen können.

Mit dem Schlauch werden beim Teilwasserwechsel der Schmutz, die abgeschabten Algen und die abgeschnittenen Pflanzenreste abgesaugt. Dazu muß der Eimer tiefer als die Wasseroberfläche des Aquariums stehen. Nachdem die Luft aus dem Schlauch herausgesaugt wurde, läuft das Wasser ohne weiters Zutun in den Eimer.

Zur wöchentlichen Säuberung des Aquariums und nach jedem Wasserwechsel wird Wasserpflanzendünger eingebracht.
Der Dünger muß speziell auf die Aquarienpflanzen abgestimmt sein, keinesfalls darf irgendein X-beliebiger Dünger verwendet werden!

Am besten werden auch die Wasserwerte nach dem Teilwasserwechsel überprüft. Dazu stehen Meßgeräte zur Verfügung, manche Werte werden hingegen einfacherweise mit sogenannten Farbintikatoren erfaßt.
Im Bild wird der Gehalt an gelöstem Kohlendioxid im Aquarienwasser überprüft, indem ein spezieller Farbstoff und die Bildung des Carbonats an Calcium in einem speziellen Meßbehälter zusammengeführt werden. An einer Maßskala ist der Calciumcarbonatgehalt ablesbar, woraus Rückschlüsse auf den Kohlendioxidgehalt im Aquariumwasser möglich sind.

Die Yamatonuma-Garnele, *Caridina japonica*, ist ein fleißiger Helfer in den Japanischen Naturaquarien. Diese fleißigen Algenfresser gibt es in Europa und Amerika leider nicht.
Glücklicherweise gibt es auch unter den Fischen einige Arten, die als Algenverzehrer im Pflanzenaquarium infrage kommen. Neben den Zwergharnischwelsen sind hier unter anderem auch Blaue Antennenwelse, Siamesische Grünflossenbarben und Black Mollys zu nennen.

Zwergbärblinge

Zwergbärblinge

Tiere:

Caridina japonica
Yamatonuma-Garnele
Otocinclus sp.
Zwergharnischwels
Hemigrammus rodwayi
Messingsalmler
Rasbora maculata
Zwergbärbling

Pflanzen:

Glossostigma elatinoides
Australisches Zungenblatt
Riccia fluitans
Flutendes Teichlebermoos
Vesicularia dubyana
Javamoos
Fontinalis antipyretica
Quellmoos
Eleocharis acicularis
Nadelsimse
Sagittaria subulata forma *pusilla*
Zwergspeerblatt
Cryptocoryne wendtii var.
Wendts Wasserkelch I
Cryptocoryne wendtii var.
Wendts Wasserkelch II
Isoetes japonica
Japanisches Brachsenkraut
Hydrocotyle verticillata
var. *maritima*
Amerikanischer Meer-Wassernabel
Hydrocotyle verticillata var. *verticillata*
Amerikanischer Wassernabel

Daten:

60 x 30 x 36 cm, 4 x 20 W, 10 Stunden/Tag, CO_2-Düngung ca. 3 Blasen/min., 25 °C, pH-Wert 7,0, 2 °dGH, 3 °KH, $^1/_3$ Wasserwechsel pro Woche.

Pflanzplan

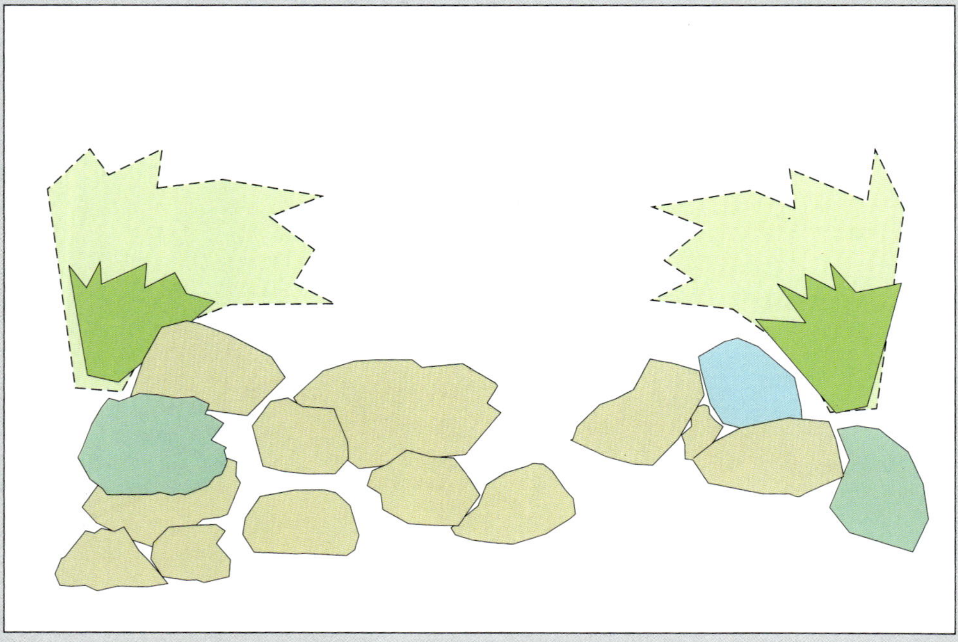

Der Zwergbärbling, *Rasbora maculata*, wurde kürzlich mit einem anderen wissenschaftlichen Namen, nämlich *Boraras maculatus* versehen. Weil dieser Namen von vielen Wissenschaftlern nicht akzeptiert wird, bleiben auch wir hier bei der bewährten Bezeichnung. Es kommt immer wieder vor, daß die wissenschaftlichen Namen der Fische berechtigterweise geändert werden müssen. Doch wenn dies nicht einmal von allen Wissenschaftlern akzeptiert wird, dann gibt es kaum einen Grund, das in der Aquaristik zu tun.

Steine

Diese Bilder sollen noch einmal verdeutlichen, welche große Rolle die Steine als Dekorationselement und als Substrat für aufwachsende Wasserpflanzen spielen können.
Wichtig ist, daß immer nur eine Gesteinssorte verwendet und keine „Mineraliensammlung" im Aquarium angelegt wird. Denn mehrere gleichartige Steine unterschiedlicher Größe ergeben einen viel harmonischeren Eindruck als irgendein Sammelsurium.
Es gehört durchaus auch etwas Geschick für eine schöne Dekoration zur Einrichtung eines Aquariums. Aber einige Grundregeln helfen dabei. Beispielsweise darf der auffälligste Stein nie genau in der Mitte liegen und es ist besser, wenn die Steine - bei gemeinsamer Betrachtung aller Elemente - eine aufsteigende oder geschwungene Linie bilden.

Neon-Regenbogenfisch, *Melanotaenia praecox*

Neue eingeführte Regenbogenfischarten, vor allem wenn es sich um solch prächtige handelt, erregen immer viel Aufmerksamkeit in der Aquaristik. Der Neon-Regenbogenfisch war wissenschaftlich schon lange in Form von in Alkohol konservierten Exemplaren bekannt. Doch erst 1991 sah ein Biologe zum ersten Mal lebende Neon-Regenbogenfische und konnte über die herrliche Färbung berichten. Die Heimat der Neon-Regenbogenfische ist der mittlere Mamberamo River in Irian Jaya auf der Insel Neuguinea.

Bei dieser Art sind ausnahmsweise beide Geschlechter einander ähnlich gefärbt. Der gesamte Körper ist leuchtend metallisch hellblau mit einem neonartig leuchtenden Rücken, dazu bilden die roten, beim Weibchen gelblichroten) Flossen einen wunderschönen Kontrast.

Diese Regenbogenfische werden nur etwa 6 cm lang, können aber eine Körperhöhe von deutlich mehr als 3 cm erreichen. Die attraktive Färbung wird schon ab etwa 2 cm Körperlänge erreicht und kommt vor allem in etwas dunkleren Aquarien mit dunklem Hinter- und Bodengrund wie in diesem Bild zur Geltung.

Die Haltung der ersten Neon-Regenbogenfische erwies sich als schwierig. Scheinbar bevorzugt dieser Fisch mehr als andere Regenbogenfische Wasserverhältnisse, die den natürlichen Gegebenheiten gleichen, nämlich weiches bis höchstens mittelhartes Wasser und einen schwach sauren pH-Wert. Bei Berücksichtigung dieser Ansprüche handelt es sich um einen einfach zu pflegenden und problemlos zu züchtenden, wunderschönen Regenbogenfisch, der im 60 x 30 x 36 cm Aquarium gut gepflegt werden kann.

Bevor Sie Neon-Regenbogenfische erwerben, müssen Sie sich die Fische ganz genau ansehen, denn leider sind in jüngerer Zeit farblich und körperlich schwächere Nachzuchten in den Handel gelangt. Aber bei etwas Geduld sind die prächtigen Fische sicher auch über Ihren Stammzoohändler zu beziehen.

Requiem des Sommers

Kleine Bärblinge und andere kleine Fische südostasiatischer Herkunft, wie etwa Glaswelse oder die Vertreter der Labyrinthfische und Schmerlen, sind für den Besatz eines schönen Naturaquariums ideal, weil die Meisten von ihnen den Pflanzenwuchs nicht behelligen. Die Bärblingen, und hier vor allem die Vertreter der Gattung *Rasbora*, eignen sich besonders gut zur Belebung des freien Schwimmraums - der „Tanzhalle" der Fische.
Ihre Verwandten aus der Gattung *Chela* sowie viele Vertreter der Labyrinthfische sind hingegen eher in Richtung zur Wasseroberfläche orientiert und sorgen für die Belebung dieses Aquarienbereichs.
Während Glaswelse ebenfalls im Schwarm die freien mittleren Wasserbereiche bevorzugen, leben die meisten ihrer Verwandten eher bodenorientiert. Aber Vorsicht! Viele von ihnen sind Räuber und nur sehr eingeschränkt zur Pflege im Gesellschaftsaquarium mit kleinen Fischen geeignet. Ebenso wie viele Welse leben auch die Schmerlen vorzugsweise am Boden. Jedoch sind die Schmerlen viel aktiver als die Welse und deshalb auch schon einmal frei schwimmend in den mittleren Wasserbereichen zu sehen. Dies ist vor allem nach Wasserwechseln der Fall.

Glaswelse,
Kryptopterus bicirrhis.

Eine Skulptur aus Farn

In der Mehrzahl südostasiatische Wasserpflanzen dominieren dieses eindrucksvolle Aquarium. Dieser Eindruck wird durch die Fische - ebenfalls dieser Herkunft - unterstützt.

Daten:

75 x 45 x 45 cm,
6 x 20 W, 10 Stunden/Tag
CO_2-Düngung ca. 3 Blasen/min.,
24 °C, pH-Wert 7,0,
16 °dGH, 6 °KH, 0,5 mg/l NH_4^+, 0,02 mg/l NO_2^-,
1 mg/l NO_3^-,0,5 mg/l PO_4^{3-},
wöchentlich $^1/_3$ Wasserwechsel.

Tiere:

Caridina japonica	Yamatonuma-Garnele
Otocinclus sp.	Zwergharnischwels
Rasbora vaterifloris	Perlmuttbärbling
Rasbora gracilis	Schlankbärbling
Sphaerichthys osphromenoides	Schokoladengurami

Pflanzen:

Echinodorus tenellus	Grasartige Schwertpflanze
Sagittaria subulata forma *pusilla*	Zwerg-Pfeilkraut
Eleocharis acicularis	Nadelsimse
Riccia fluitans	Flutendes Teichlebermoos
Vesicularia dubyana	Javamoos
Microsorum pteropus	Javafarn
Bolbitis heudelotii	Kongofarn
Hemianthus micranthemoides	Zierliches Perlenkraut
Hemianthus micranthemoides var.	Großes Perlenkraut

Schokoladengruamis,
Sphaerichthys osphroenoides.

Perlmuttbärbling,
Rasbora vaterifloris.

Schlankbärbling,
Rasbora gracilis.

Wie ein Sonnenstrahl

Morgenlicht

Daten:

60 x 30 x 36 cm,
4 x 20 W, 10 Stunden/Tag
CO_2-Düngung ca. 2 Blasen/min.,
24 °C, pH-Wert 7,5,
17 °dGH, 6 °KH, 0 mg/l NH_4^+, 0,02 mg/l NO_2^-,
1 mg/l NO_3^-,0,2 mg/l PO_4^{3-},
wöchentlich $^1/_3$ Wasserwechsel.

Tiere:

Caridina japonica	Yamatonuma-Garnele
Otocinclus sp.	Zwergharnischwels
Rasbora heteromorpha	Keilfleckbärbling
Kryptopterus bicirrhis	Glaswels
Trichogaster leerii	Mosaikfadenfisch
Trichopsis schalleri	Schallers Knurrender Gurami

Pflanzen:

Echinodorus tenellus	Grasartige Schwertpflanze
Sagittaria subulata forma *pusilla*	Zwerg-Pfeilkraut
Eleocharis acicularis	Nadelsimse
Vallisneria amerikana var. *amerikana*	Amerikanische Wasserschraube
Cryptocoryne X willisii	Willis Wasserkelch
Microsorum pteropus	Javafarn
Lagarosiphon madagascariensis	Madagassische Wasserpest
Hemianthus micranthemoides var.	Großes Perlenkraut
Hydrocotyle verticillata var. *maritima*	Amerikanischer Meer-Wassernabel

Mosaikfadenfisch, *Trichogaster leerii.*

Schallers Knurrender Gurami, *Trichopsis schalleri.*

Keilfleckbärbling, *Rasbora heteromorpha.*

Kongofarn,
Bolbitis heudelotii.

Javafarn,
Microsorum pteropus.

Primordium

Daten:

60 x 30 x 36 cm,
4 x 20 W, 10 Stunden/Tag
CO_2-Düngung ca. 2 Blasen/min.,
24 °C, pH-Wert 7,0,
12 °dGH, 5 °KH, 0 mg/l NH_4^+, 0 mg/l NO_2^-,
2 mg/l NO_3^-,0,2 mg/l PO_4^{3-},
wöchentlich $^1/_3$ Wasserwechsel.

Tiere:

Caridina japonica	Yamatonuma-Garnele
Otocinclus sp.	Zwergharnischwels
Rasbora dorsiocellata macrophthalma	Augenfleckbärbling
Trichopsis schalleri	Schallers Knurrender Gurami

Pflanzen:

Marsilea angustifolia	Kleiner Kleefarn
Microsorum pteropus	Javafarn
Bolbitis heudelotii	Kongofarn
Bolbitis heteroclita	Geschwänzter Wasserfarn
Ceratopteris thalictroides	Sumatrafarn
Isoetes Japonica	Japanisches Brachsenkraut

Augenfleckbärbling, *Rasbora dorsiocellata macrophthalma.*

Sori - Fortpflanzungsorgane des Javafarns, *Microsorum pteropus.*

Japanisches Brachsenkraut,
Isoetes japonica.

Sumatrafarn,
Ceratopteris thalictroides.

Kleiner Kleefarn,
Marsilea angustifolia.

Geschwänzter Wasserfarn,
Bolbitis heteroclita.

Farn und Moorkienholz

Um die Farnpflanzen gut auf das Moorkienholz aufbinden zu können, werden große und alte Blätter vom Rhizom abgetrennt. Aus ihnen bilden sich später neue Farnpflanzen.

Mit einem Baumwollfaden, der sich später im Wasser zersetzt, werden die Farnpflanzen aufgebunden.

Farne und Moose eignen sich hervorragend zur Dekoration von Hölzern und Steinen, so daß sich diese besser in die Aquarium-Gesamteinrichtung einpassen. Dadurch wird beim Betrachter insgesamt ein harmonischer wirkender Eindruck erzeugt.

Sowohl der Kongo- als auch der Javafarn können in gleicher Weise auf das Holz gebunden werden.

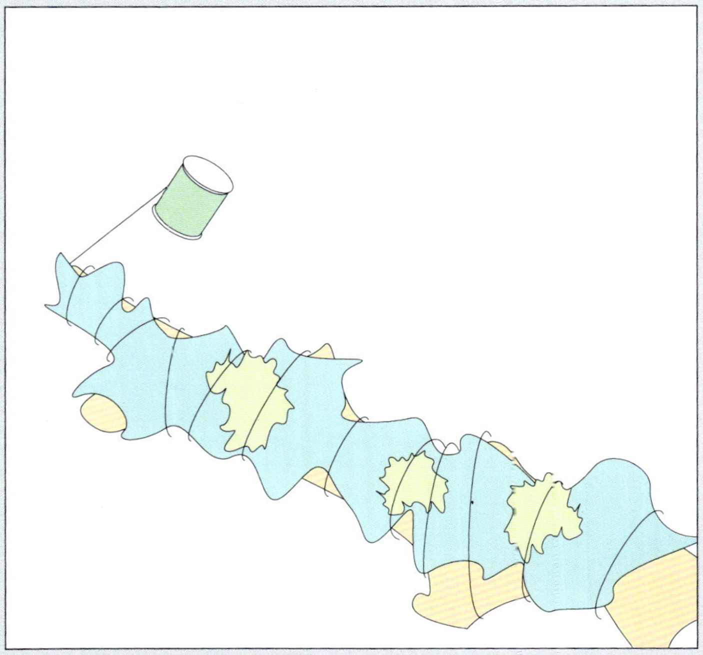

Auch das Javamoos kann, genauso wie die Farne, mit einem etwas dünneren Faden flächig auf der Oberseite des Moorkienholzes befestigt werden.

Während der Javafarn und das Javamoos zu den anspruchlosesten Aquarienpflanzen zählen, die sich an nahezu alle Bedingungen anpassen, ist der Kongofarn eine anspruchsvolle Pflanze, die sehr sauberes Wasser und eine starke Strömung benötigt.

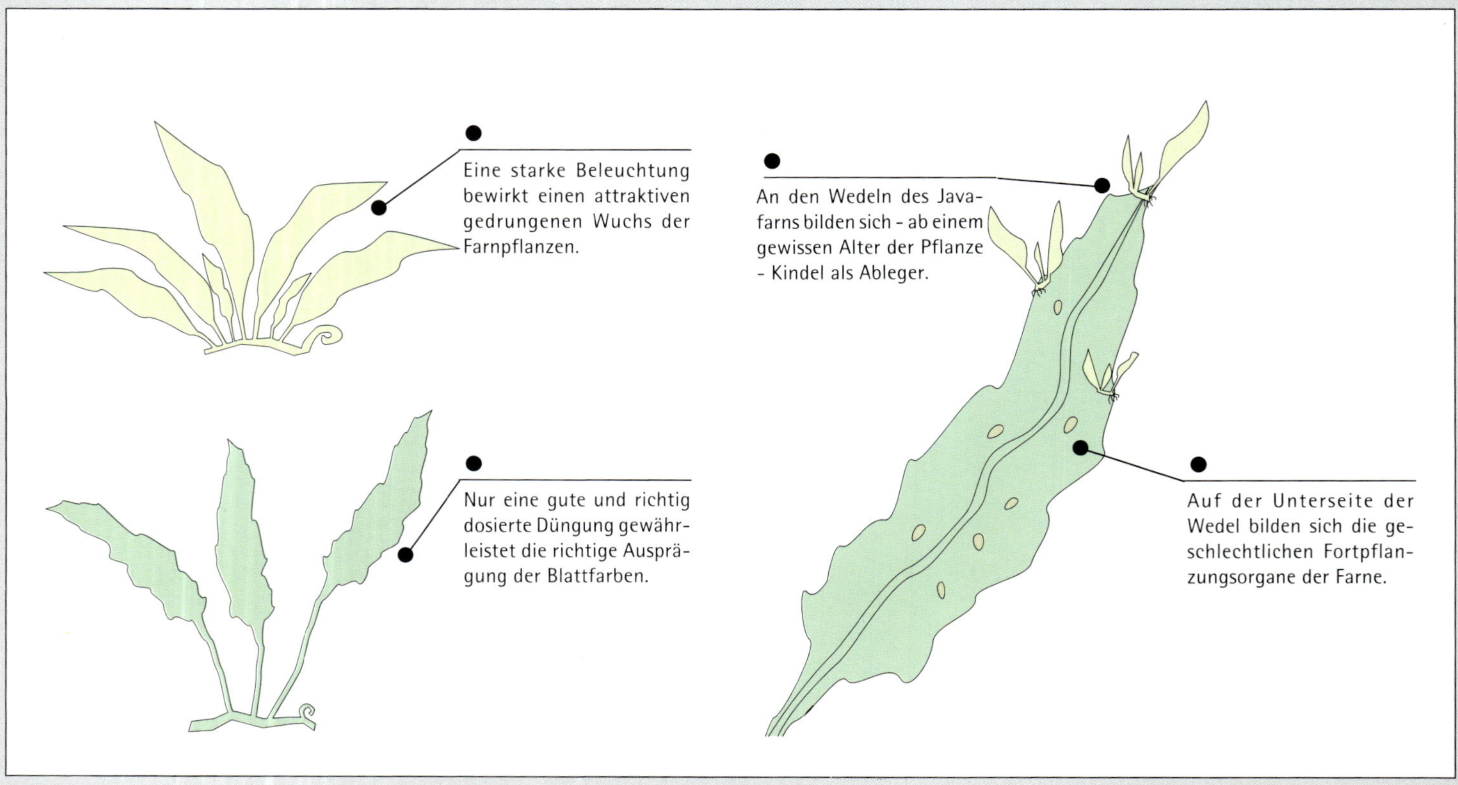

Farne und Moose zählen zu den ursprünglichen Pflanzengruppen, die als „lebende Fossilien" dem Aquarium einen skurrilen Reiz verleihen können.

Es gibt zahlreiche robuste Arten unter diesen Pflanzen, aber andere zeichnen sich durch dauerhaft sehr hohe Ansprüche an die Wassergüte aus.

Leuchtaugen

Leuchtaugenfische zählen im entfernteren Sinne zu den Killifischen. Es sind aber keine Saisonfische, so daß sie im Aquarium ausdauernd sind und durchaus ein Alter von vier bis fünf Jahren sogar überschreiten können.
Bis in dieses - für diese Fische - hohe Alter bleiben sie geschlechtsfähig und pflanzen sich auch im Naturaquarium willig fort. Zwar schnappen sie hin und wieder nach einem ihrer Jungen, doch wird sich insgesamt gesehen, der Bestand bei der Arthaltung ständig vergrößern, so daß bald junge neben den älteren Leuchtaugen im Aquarium schwimmen. Sie sind keine echten Schwarmfische, lieben aber die Gesellschaft von Artgenossen und müssen deshalb in einer größeren Gruppe gepflegt werden.

Zwielicht vor dem Sonnenaufgang

Daten:

60 x 30 x 36 cm,
4 x 20 W, 10 Stunden/Tag
CO_2-Düngung ca. 2 Blasen/min.,
24 °C, pH-Wert 7,2,
10 °dGH, 4 °KH, 0 mg/l NH_4^+, 0,02 mg/l NO_2^-,
2 mg/l NO_3^-,0,2 mg/l PO_4^{3-},
wöchentlich $^1/_3$ Wasserwechsel.

Tiere:

Caridina japonica	Yamatonuma-Garnele
Otocinclus sp.	Zwergharnischwels
Aplocheilichthys normani	Blauer Leuchtaugenfisch

Pflanzen:

Marsilea angustifolia	Kleiner Kleefarn
Vesicularia dubyana	Javamoos
Riccia fluitans	Flutendes Teichlebermoos
Cryptocorna X willisi	Willis Wasserkelch
Eleocharis acicularis	Nadelsimse
Bolbitis heudelotii	Kongofarn
Isoetes japonica	Japanisches Brachsenkraut

Blauer Leuchtaugenfisch,
Aplocheilichthys normani.

Die Moose und Farne bilden einen attraktiven Kontrast zu den höheren Aquarienpflanzen, besonders dann, wenn letztere interressante Blattfarben oder -formen aufweisen.

Jade

Jade – Teil 1

Daten:

60 x 30 x 36 cm,
4 x 20 W, 10 Stunden/Tag
CO_2-Düngung ca. 2 Blasen/min.,
24 °C, pH-Wert 7,2,
10 °dGH, 4 °KH, 0 mg/l NH_4^+, 0,02 mg/l NO_2^-,
2 mg/l NO_3^-,0,2 mg/l PO_4^{3-},
wöchentlich $^1/_3$ Wasserwechsel.

Tiere:

Caridina japonica	Yamatonuma-Garnele
Otocinclus sp.	Zwergharnischwels
Paracheirodon axelrodi	Roter Neon

Jade – Teil 2

Roter Neonsalmler,
Paracheirodon axelrodi.

Pflanzen:

Marsilea angustifolia	Kleiner Kleefarn
Sagittaria subulata forma *pusilla*	Zwerg-Pfeilkraut
Sagittaria subulata	Kleines Pfeilkraut
Vallisneria americana var. *americana*	Amerikanische Wasserschraube
Cryptocoryne crispatula	Grasblättriger Wassrkelch
Echinodorus osiris var. „Rosé“	Rosé-Osiris-Schwertpflanze
Anubias barteri var. *nana*	Zwergspeerblatt
Bolbitis heudelotii	Kongofarn
Hygrophila corymbosa var. „lacustris“	See-Riesenwasserfreund

Wasserkelche

Cryptocoryne lingua

Cryptocoryne wendtii var. „Tropica"

Cryptocoryne cordata

Cryptocoryne blassii

Cryptocoryne walkeri var. *lutea*

Cryptocoryne nevillii

Cryptocoryne costata

Cryptocoryne retrospiralis

Cryptocoryne albida

Cryptocoryne ciliata

Blauaugen-Regenbogenfische, wie diese Gabelschwanz-Blauaugen *Pseudomugil furcatus*, sind hervorragend für die Pflege im japanischen Naturaquarium geeignet.

Flache Steine, wie Schieferplatten, und Baumwoll- oder Kokosfaserfäden sind ideale Hilfsmittel zum Aufbinden von Wasserfarnen und -moosen.

Rote Neon, Farne und Moose - eine ideale Kombination.

Blauer Neon

Daten:

120 x 45 x 45 cm,
12 x 20 W, 10 Stunden/Tag,
CO_2-Düngung ca. 2 Blasen/min.,
25 °C, pH-Wert 7,0, 2 °dGH, 7 °KH,
$^1/_3$ Wasserwechsel pro Woche.

Tiere:

Caridina japonica	Yamatonuma-Garnele
Otocinclus sp.	Zwergharnischwels
Paracheirodon simulans	Blauer Neonsalmler

Pflanzen:

Glossostigma elatinoides	Australisches Zungenblatt
Riccia fluitans	Flutendes Teichlebermoos
Eleocharis acicularis	Nadelsimse

Blauer Neonsalmler, *Paracheirodon simulans*, und
Zierliches Perlenkraut, *Hemianthus micranthemoides*.

Unter dem Namen Neonfische sind unterschiedliche Salmler mit leuchtendem Seitenstreifen zusammengefaßt. Die eigentlichen Neonsalmler sind jedoch lediglich durch drei Arten der Gattung *Paracheirodon* vertreten: dem Neon, *Paracheirodon innesi*, dem Roten Neon, *Paracheirodon axelrodi*, und dem Blauen Neon, *Paracheirodon simulans*.

Perlenkräuter der Gattungen *Hemianthus* und *Micranthemum* sind prächtige und gute, geeignete Aquarienpflanzen, die sehr lichtbedürftig sind. An die Wasserwerte stellen die Perlenkräuter keine besonderne Ansprüche, so daß sie sowohl in weichem wie auch in hartem Wasser gleichermaßen gut gedeihen. Es sind ideale Vordergrundpflanzen.

Roter Neon

Daten:

120 x 45 x 45 cm,
12 x 20 W, 10 Stunden/Tag,
CO_2-Düngung ca. 2 Blasen/min.,
25 °C, pH-Wert 7,0, 2 °dGH, 7 °KH,
$^1/_3$ Wasserwechsel pro Woche.

Tiere:

Caridina japonica	Yamatonuma-Garnele
Otocinclus sp.	Zwergharnischwels
Paracheirodon axelrodi	Roter Neonsalmler

Pflanzen:

Glossostigma elatinoides	Australisches Zungenblatt
Riccia fluitans	Flutendes Teichlebermoos
Eleocharis acicularis	Nadelsimse
Cyperus helferi	Helfers Zyperngras
Isoetes japonica	Japanisches Brachsenkraut

Roter Neonsalmler, *Paracheirodon axelrodi.*

Blauer Neonsalmler, *Paracheirodon simulans.*

Skurrile Ufer in Amazonien

Messingsalmler, *Hemigrammus rodwayi*.

Skurriles Ufer in Amazonien

Daten:

90 x 45 x 45 cm,
6 x 32 W, 10 Stunden/Tag,
CO_2-Düngung ca. 3 Blasen/min.,
25 °C, pH-Wert 6,8, 10 °dGH, 4 °KH,
$^1/_3$ Wasserwechsel pro Woche.

Tiere und Pflanzen s. S. 114.

Tiere:

Caridina japonica	Yamatonuma-Garnele
Otocinclus sp.	Zwergharnischwels
Megalamphodus sweglesi	Roter Phantomsamler
Hemigrammus rodwayi	Messingsalmler
Mikrogeophagus ramirezi	Schmetterlingsbuntbarsch

Pflanzen:

Eleocharis acicularis	Nadelsimse
Cryptocoryne X willisii	Willis Wasserkelch
Cryptocoryne wendtii var. „Mi Oya"	Mi Oya-Wendt-Wasserkelch
Cryptocoryne undulata var.	Gewellter Wasserkelch
Microsorum pteropus	Javafarn
Micranthemum umbrosum	Rundblättriges Perlenkraut
Rotala rotundifolia var. „grün"	Rundblättrige *Rotala*
Ludwigia arcuata	Schmalblättrige Ludwigie

Blaue Neonsalmler und Nadelsimsen passen gut zueinander.

Auch in Afrika gibt es schöne Salmler, von denen viele für die Pflege im Naturaquarium geeignet sind.

Rote Neonsalmler sind ein attraktiver Besatz für ein mit Steinen dekoriertes Aquarium.

Der Grüne Neon eignet sich sehr gut für Aquarien, in denen der Blick vor allem auf die Pflanzen gelenkt werden soll.

Grüner Neon

Daten:

60 x 30 x 36 cm,
4 x 20 W, 10 Stunden/Tag,
CO_2-Düngung ca. 3 Blasen/min.,
25 °C, pH-Wert 7,0, 12 °dGH, 5 °KH,
$^1/_3$ Wasserwechsel pro Woche.

Tiere:

Caridina japonica	Yamatonuma-Garnele
Otocinclus sp.	Zwergharnischwels
Hemigrammus hyanuary	Grüner Neonsalmler

Grüne Neon, *Hemigrammus hyanuary*.

Pflanzen:

Glossostigma elatinoides — Australisches Zungenblatt
Eleocharis acicularis — Nadelsimse
Riccia fluitans — Flutendes Teichlebermoos
Eleocharis vivipara — Regenschirmsimse

Schwarzer Phantomsalmler, *Megalamphodus megalopterus*.

Schwarzer Phantomsalmler

Daten:

60 x 30 x 36 cm,
4 x 20 W, 10 Stunden/Tag,
CO_2-Düngung ca. 1 Blasen/min.,
23 °C, pH-Wert 6,8, 12 °dGH, 5 °KH,
1/3 Wasserwechsel pro Woche.

Tiere:

Caridina japonica
Yamatonuma-Garnele
Otocinclus sp.
Zwergharnischwels
Megalamphodus megalopterus
Schwarzer Phantomsalmler

Pflanzen:

Glossostigma elatinoides
Australisches Zungenblatt
Eleocharis acicularis
Nadelsimse
Eleocharis vivipara
Regenschirmsimse
Ludwigia arcuata
Schmalblättrige Ludwigie

Die Phantomsalmler wurden in jüngerer Zeit von Wissenschaftlern in die große Sammelgattung *Hyphessobrycon* gestellt. Da nicht zu erwarten ist, daß sich diese ungewöhnliche Anschauung durchsetzt, bleiben auch wir hier bei der klassischen Einteilung in die Gattung *Megalamphodus*.

Der Schwarze Phantomsalmler ist ein außergewöhnlicher Aquarienfisch. Zwar bildet er Schwärme, aber zur Fortpflanzung motivierte Männchen sondern sich vom Schwarm ab und gründen ein kleines Revier. Hierhin versuchen sie mit prächtig aufgespannten Flossen und flatterden Schwimmbewegungen die

Weibchen zu locken. Schließlich laichen die Phantomsalmler - nach längerer Balz und entfernt vom Schwarm - im Revier ab. Durch das Revierverteidigende Männchen sind die Eier dann vor Laichräubern geschützt.

Mit ihrem hell gefaßten schwarzen Seitenfleck wirken diese Phantomsalmlerflecken zwischen den Aquarienpflanzen wie geheimnisvoll leuchtende große Augen im Dschungel.

Schwarzer Phantomsalmler, *Megalamphodus megalopterus.*

Salmler und ihre Gesellschaft

Keilfleckbärbling, *Rasbora heteromorpha*.

Schmetterlingsbuntbarsch, *Mikrogeophagus ramirezi*.

Brillantsalmler,
Moenkhausia pitteri.

Funkensalmler, *Hyphessobrycon amandae.*

Der Afrikanische Schmetterlingsbuntbarsch, *Anomalochromis thomasi*, ist der ideale Schneckenvertilger im Naturaquarium.

Königssalmler, *Inpaichthys kerri.*

Grüner Neonsalmler, *Hemigrammus hyanuary.*

In der Natur in Amazonien wachsen viele Sumpf- und Wasserpflanzen nur zeitweise völlig untergetaucht. Im Aquarium muß diesen Pflanzen das ständige Leben unter der Wasseroberfläche durch eine gute Beleuchtung und Düngung erträglicher gemacht werden. Die kräftige Bewurzelung und zahlreiche Ableger zeigen die Vitalität der Aquarienpflanzen.

Roter Neon & Prachtschmerle

Rote Neon und Prachtschmerlen?

Manch ein Aquarianer wird sich aufgrund der unterschiedlichen Herkunft dieser Fische scheuen, sie im Aquarium zu vergesellschaften. Dabei sind ihre Ansprüche an die Wasserqualität viel wichtiger als ihre geographische Herkunft. Deshalb lassen sich Neon und Schmerlen durchaus vergesellschaften, weil sie ähnliche Ansprüche an die chemische Wasserbeschaffenheit stellen. Viel wichtiger ist es für die Schmerlen, daß ihnen genügend große Aquarien zur Verfügung gestellt werden, denn leider sind sie oft in viel zu kleinen Behältern zu sehen.

Daten:

240 x 60 x 60 cm,
4 x 110 W, 10 Stunden/Tag,
CO_2-Düngung ca. 2 Blasen/min.,
26 °C, pH-Wert 7,2, 4 °dGH, 4 °KH,
$^1/_2$ Wasserwechsel pro Woche.

Pflanzplan

Tiere:

Caridina japonica	Yamatonuma-Garnele
Otocinclus sp.	Zwergharnischwels
Paracheirodon axelrodi	Roter Neonsalmler
Botia macracanthus	Prachtschmerle

Pflanzen:

Riccia fluitans	Flutendes Teichlebermoos
Eleocharis acicularis	Nadelsimse
Microsorum pteropus	Javafarn
Vesicularia dubyana	Javamoos
Aponogeton rigidifolius	Steifblättrige Wasserähre

Rote Neon im großen Aquarium

Pflanzplan

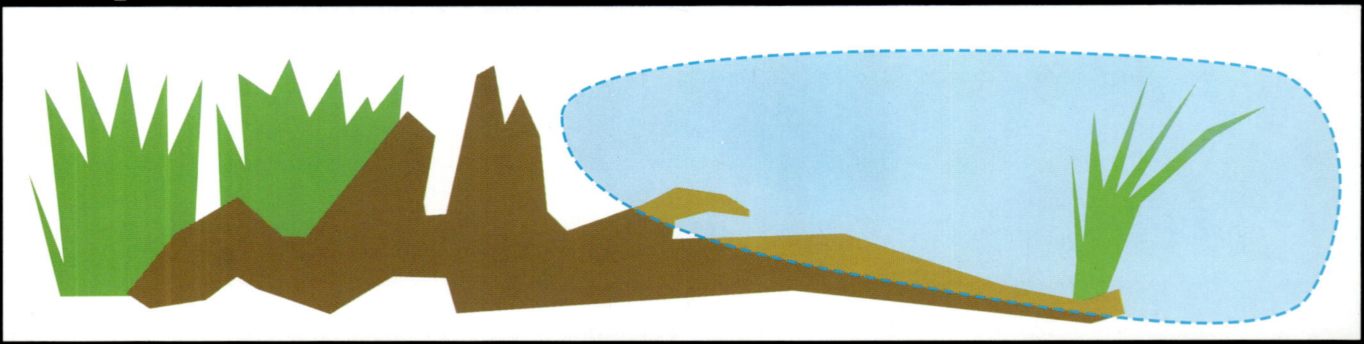

Daten:

240 x 60 x 60 cm,
4 x 110 W, 10 Stunden/Tag,
CO_2-Düngung ca. 2 Blasen/min.,
26 °C, pH-Wert 7,2, 4 °dGH, 4 °KH,
$^1/_2$ Wasserwechsel pro Woche.

Tiere:

Caridina japonica	Yamatonuma-Garnele
Otocinclus sp.	Zwergharnischwels
Paracheirodon axelrodi	Roter Neonsalmler

Pflanzen:

Anubias barteri var. *nana*	Zwergspeerblatt
Microsorum pteropus	Javafarn
Bolbitis heudelotii	Kongofarn
Echinodorus tenellus	Zarte Amazonasschwertpflanze
Echinodorus martii	Gewelltblättrige Amazonasschwertpflanze
Hygrophila corymbosa	Riesenwasserfreund
Hygrophila difformis	Indischer Wasserstern
Hygrophila polysperma	Indischer Wasserfreund
Rotala indica	Indische *Rotala*
Cyperus helferi	Helfers Cyperngras
Vallisneria americana var. *americana*	Amerikanische Wasserschraube

Die Tropenwälder

Die meisten unserer Aquarienpflanzen und -fische stammen aus den Tropenregionen. Hier existiert immer noch eine faszinierende Artenvielfalt, die der Mensch kaum ermessen kann. Doch trotz dieses Reichtums sind die Tropenwälder unserer Erde stark gefährdet. Wieder einmal ist es der Mensch, der durch sein Eingreifen in die Natur zur Zerstörung seiner eigenen Lebensgrundlagen beiträgt. Es ist auch Aufgabe der Aquarianer, auf diese Probleme aufmerksam zu machen!

Die Tropenwälder unserer Erde und der Standort auf Borneo, an dem dieses Foto entstand.

Aquarien, die naturnahe Ausschitte aus Tropenwaldbiotopen darstellen.

Normans Blauauge, *Aplocheilichthys normani*, stammt aus den Tropenwäldern Westafrikas.

Sterbas Panzerwels, *Corydoras sterbai*, stammt aus den Tropenwäldern Südamerikas.

Der Glasbärbling, *Rasbora trilineata*, stammt hingegen aus den Tropenwäldern Südostasiens.

Der Funkensalmler, *Hyphessobrycon amandae* stammt ebenfalls aus den Tropenwäldern Südamerikas.

Südostasiatische Glasbärblinge

Daten:

120 x 45 x 45 cm,
12 x 20 W, 10 Stunden/Tag,
CO_2-Düngung ca. 3 Blasen/min.,
25 °C, pH-Wert 7,0, 10 °dGH, 5 °KH,
0 mg/l NH_4^+, 2,0 mg/l NO_2^-, 1,0 mg/l NO_3^-,
0,2 mg/l PO_4^{3-},
$^1/_3$ Wasserwechsel pro Woche.

Tiere:

Caridina japonica	Yamatonuma-Garnele
Otocinclus sp.	Zwergharnischwels
Rasbora trilineata	Glasbärbling

Pflanzen:

Glossostigma elatinoides	Australisches Zungenblatt
Eleocharis acicularis	Nadelsimse
Microsorum pteropus	Javafarn
Hygrophila sp.	Schmalblättriger Wasserfreund

Glasbärbling, *Rasbora trilineata*. Obwohl es sich bei den Bärblingen um prächtige Aquarienfische handelt, sind sie nur selten im Aquarium zu sehen. Sie eignen sich gut zur Vergesellschaftung, aber erst ein schöner großer Schwarm bietet einen prächtigen Anblick, den der Naturfreund nicht so schnell vergißt.

Flutendes Teichlebermoos, *Riccia fluitans*.

Engel - Hohe Segelflosser aus Amazonien

Daten:

120 x 45 x 45 cm,
12 x 20 W, 10 Stunden/Tag,
CO_2-Düngung ca. 3 Blasen/min.,
25 °C, pH-Wert 7,0, 8 °dGH, 4 °KH,
0 mg/l NH_4^+, 0 mg/l NO_2^-, 2 mg/l NO_3^-,
0 mg/l PO_4^{3-},
$^1/_3$ Wasserwechsel pro Woche.

Tiere:

Caridina japonica	Yamatonuma-Garnele
Otocinclus sp.	Zwergharnischwels
Pterophyllum altum	Hoher Skalar, Hoher Segelflosser

Pflanzen:

Eleocharis acicularis	Nadelsimse
Vesicularia dubyana	Javamoos

Hoher Segelflosser, *Pterophyllum altum.*

Den hohen Segelflosser oder Altum-Skalar, *Pterophyllum altum*, zu pflegen oder sogar einmal erfolgreich zu züchten ist der Traum vieler Aquarianer. Viele Jahre wurden nutzlose Versuche zur Zucht dieses anspruchsvollen Fischs unternommen. Schließlich gelang es, diese Skalare unter saubersten und exellentesten Wasserbedingungen im Aquarium zu vermehren. Heute ist die Aquaristik von Skalarimporten weitgehend unabhängig und die Fische sind für jeden Aquarianer erschwinglich geworden. Dennoch stellen auch die Aquariennachzuchten hohe Anforderungen an das Wasser und damit auch an den Aquarianer.

Hohe Segelflosser, *Pterophyllum altum*, können in großen Aquarien durchaus in Gruppen gepflegt werden.

Funken aus Amazonien

Pflanzen:

Echinodorus tenellus	Zarte Amazonasschwertpflanze
Riccia fluitans	Flutendes Teichlebermoos
Eleocharis acicularis	Nadelsimse
Vesicularia dubyana	Javamoos
Hemianthus micranthemoides var.	Zierliches Perlenkraut
Ludwigia arcuata	Schmalblättrige Ludwigie

Der Funkensalmler, *Hyphessobrycon amandae*, ist ein kleiner brasilianischer Salmler, der kaum drei Zentimeter Gesamtlänge erreicht. Obwohl das Fischlein klein und zerbrechlich wirkt, ist es für den etwas erfahreneren Aquarianer problemlos zu pflegen. Bei pH-Werten um 7, eher etwas niedriger als höher, und einer geringen Wasserhärte fühlt sich der Funkensalmler wohl. Die Wassertemperatur ist im Bereich der üblichen Werte zwischen 23 und 26 °C ideal. Es ist fast selbstverständlich, daß es sich um einen Schwarmfisch handelt, der nicht allein gehalten werden darf, da er dann kümmern und hinfällig würde. Ein solcher Schwarm muß schon aus einem Dutzend Mitgliedern der gleichen Art bestehen. Eine Vergesellschaftung ist möglich, doch dürfen es nur ebenfalls kleine und friedliche Fische sein.

Funkensalmler, *Hyphessobrycon amandae.*

Besser ist aber immer die Pflege im Artaquarium, lediglich in Gesellschaft der bewährten Algenfresser. Dies ermöglicht eine herrliche Bepflanzung des Aquariums, was wiederum den Bedürfnissen der „schwimmenden Funken“ sehr entgegen kommt. Die hohen Lichtbedürfnisse der Pflanzen und die Bedürfnisse der Funkensalmler nach schattigen Bereichen müssen berücksichtigt werden.

Guppys

Daten:

60 x 30 x 36 cm,
4 x 20 W, 10 Stunden/Tag,
CO_2-Düngung ca. 2 Blasen/min.,
24 °C, pH-Wert 6,8, 12 °dGH, 7 °KH,
0 mg/l NH_4^+, 2 mg/l NO_2^-, 0 mg/l NO_3^-,
2 mg/l PO_4^{3-},
$^1/_3$ Wasserwechsel pro Woche.

Oben und unten: Fütterung der Guppys, *Poecilia reticulata*-Zuchtform.

Tiere:

Caridina japonica
Yamatonuma-Garnele

Otocinclus sp.
Zwergharnischwels

Poecilia reticulata var.
Guppy, Millionenfisch

Pflanzen:

Glossostigma elatinoides – Australisches Zungenblatt
Echinodorus tenellus – Zarte Amazonasschwertpflanze
Hemianthus micranthemoides var. – Zierliches Perlenkraut
Micranthemum umbrosum – Rundblättriges Perlenkraut
Eleocharis acicularis – Nadelsimse

Prächtige Guppymännchen.

Lebendige Guppys vor dem hellgrünen Hintergrund sind ein herrlicher Anblick. Auch wenn es sich bei den Fischen um Zuchtformen handelt, eignen sie sich hervorragend für die Pflege im dicht bepflanzten Naturaquarium - ein vertretbarer Kompromiß.

Schmalblättrige Ludwigie, *Ludwigia arcuata*. Eine gute Pflanze für das Aquarium mit lebendgebärenden Fischen.

Dreilinienpanzerwels, *Corydoras julii*.
Er ist optimal zur Vergesellschaftung mit Guppys geeignet.

Frühling am Miomote Fluß

Alter Wald

Daten:

120 x 45 x 45 cm,
12 x 20 W, 10 Stunden/Tag,
CO_2-Düngung ca. 5 Blasen/min.,
25 °C, pH-Wert 7,0, 10 °dGH, 6 °KH,
0 mg/l NH_4^+, 0 mg/l NO_2^-, 5 mg/l NO_3^-,
0,2 mg/l PO_4^{3-}.
$^1/_3$ Wasserwechsel pro Woche.

Pflanzen s. S. 157.

Tiere:

Caridina japonica	Yamatonuma-Garnele
Otocinclus sp.	Zwergharnischwels
Moenkhausia pittieri	Brillantsalmler
Inpaichthys kerri	Königssalmler
Nannostomus trifasciatus	Dreibinden-Ziersalmler
Mikrogeophagus ramirezi	Schmetterlingsbuntbarsch

Pflanzen:

Glossostigma elatinoides
Australisches Zungenblatt
Echinodorus tenellus
Zarte Amazonasschwertpflanze
Eleocharis acicularis
Nadelsimse
Sagittaria subulata forma *pusilla*
Zwergpfeilkraut
Lilaeopsis sp.
Kleine Graspflanze
Hydrocotyle verticillata var.
Amerikanischer Wassernabel
Hydrocotyle verticillata var. *maritima*
Amerikanischer Meer-Wassernabel
Anubias barteri var. *nana*
Zwergspeerblatt
Cryptocoryne crispatula
Grasblättriger Wasserkelch
Vesicularia dubyana
Javamoos

Speerblätter der Gattung *Anubias* eignen sich gut als Aufwuchspflanzen auf den Dekorationselementen.

Grüne Wolke

Daten:

60 x 30 x 36 cm,
4 x 20 W, 10 Stunden/Tag,
CO_2-Düngung ca. 5 Blasen/min.,
25 °C, pH-Wert 7,0,
8 °dGH, 5 °KH,
0 mg/l NH_4^+, 0 mg/l NO_2^-,
1 mg/l NO_3^-, 0,2 mg/l PO_4^{3-}.
$^1/_3$ Wasserwechsel pro Woche.

Blick auf die Seite der „Grünen Wolke".

Tiere:

Caridina japonica	Yamatonuma-Garnele
Otocinclus sp.	Zwergharnischwels
Nematobrycon palmeri	Kaisersalmler
Inpaichthys kerri	Königssalmler
Mikrogeophagus ramirezi	Schmetterlingsbuntbarsch

Anubias ist als Aquarienpflanze fast unverzichtbar.

Pflanzen:

Glossostigma elatinoides	Australisches Zungenblatt
Echinodorus tenellus	Zarte Amazonasschwertpflanze
Sagittaria subulata forma *pusilla*	Zwergpfeilkraut
Vesicularia dubyana	Javamoos
Anubias barteri var. *nana*	Zwergspeerblatt
Bolbitis heudelotii	Kongofarn
Ludwigia arcuata	Schmalblättrige Ludwigie

Der Schmetterlingsbuntbarsch, *Mikrogeophagus ramirezi*, bei der Brutpflege in der „Grünen Wolke". Es ist nicht ungewöhnlich, daß sich die Fische in den Naturaquarien auch fortpflanzen.

Splitter des Regenbogens

Daten:

60 x 30 x 36 cm,
4 x 20 W, 10 Stunden/Tag,
CO_2-Düngung ca. 2 Blasen/min.,
25 °C, pH-Wert 7,0, 14 °dGH, 8 °KH,
0 mg/l NH_4^+, 0 mg/l NO_2^-, 1 mg/l NO_3^-,
0,2 mg/l PO_4^{3-}.
$^1/_3$ Wasserwechsel pro Woche.

Tiere:

Caridina japonica	Yamatonuma-Garnele
Otocinclus sp.	Zwergharnischwels
Melanotaenia praecox	Neon-Regenbogenfisch

Pflanzen:

Glossostigma elatinoides	Australisches Zungenblatt
Anubias barteri var. *nana*	Zwergspeerblatt

Auf den *Anubias*-Blättern siedeln sich leicht Algen an, da die Speerblätter relativ langsam wachsen.

Ein solches schönes Aquarium für Regenbogenfische ist nicht schwer einzurichten. Einige skurrile Moorkienhölzer geschickt angeordnet und die Pflanzen aufgebunden und eingesetzt - und viel Geduld. Es vergehen mindestens drei Wochen, bis sich die Speerblätter fest auf dem Holz angesiedelt haben und die Australischen Zungenblätter einen schönen geschlossenen Bestand bilden.

Ob die Speerblätter als dominante Pflanze, wie oben, oder als Gesellschaft zu anderen Pflanzen, wie rechts, eingesetzt werden - immer sind sie genügsame und optimale Aquarienpflanzen. Eine Möglichkeit, die Speerblätter vor den Algen zu schützen, wäre eine schwächere Beleuchtung. Darunter würden aber die anderen Pflanzen leiden. Deshalb ist es besser, zahlreiche Algenfresser einzusetzen und das Aquarium normal zu beleuchten. Außerdem dürfen die Beifische erst eingesetzt werden, wenn das Aquarium garantiert richtig eingefahren ist, was erst nach mehreren Wochen der Fall ist.

Laternen in der Dunkelheit

Daten:

40 x 40 x 40 cm,
4 x 27 W, 8 Stunden/Tag,
CO_2-Düngung ca. 2 Blasen/min.,
24 °C, pH-Wert 6,9, 10 °dGH, 6 °KH,
0 mg/l NH_4^+, 0 mg/l NO_2^-, 5 mg/l NO_3^-,
0,5 mg/l PO_4^{3-}.
$^1/_3$ Wasserwechsel pro Woche.

Zwerg-Kleefarn,
Marsilea crenata.

Gedrehter Wasserkelch,
Cryptocoryne retrospiralis.

Tiere:

Caridina japonica	Yamatonuma-Garnele
Otocinclus sp.	Zwergharnischwels
Aplocheilichthys normani	Normans Leuchtauge

Pflanzen:

Marsiliea angustifolia	Zwerg-Kleefarn
Anubias barteri var. *nana* „Narrow“	Narrow-Zwergspeerblatt
Anubias barteri var. *nana* „Wrinkle“	Wrinkle-Zwergspeerblatt
Cryptocoryne retrospiralis	Gedrehter Wasserkelch
Cryptocoryne costata	Weißer Wasserkelch
Cryptocoryne sp.	Großer Wasserkelch
Bolbitis heudelotii	Kongofarn
Vesicularia dubyana	Javamoos

Die Asiatischen Wasserkelche bilden mit ihren andersgestaltigen Blättern gute Kontrastmöglichkeiten zu ihren Afrikanischen Verwandten - den Speerblättern.

Weißer Wasserkelch, *Cryptocoryne costata*.

Die Speerblätter bilden einen schönen Bewuchs auf dem Moorkienholz.

Kongofarn, *Bolbitis heudelotii*.

Daten:

90 x 45 x 60 cm,
4 x 30 W, 10 Stunden/Tag,
CO_2-Düngung ca. 2 Blasen/min.,
24 °C, pH-Wert 6,8, 12 °dGH, 6 °KH,
0 mg/l NH_4^+, 0 mg/l NO_2^-, 5 mg/l NO_3^-,
0,2 mg/l PO_4^{3-}.
$^1/_3$ Wasserwechsel pro Woche.

Morgen der Speerblätter

Pflanzen s. S. 172.

Tiere:

Caridina japonica	Yamatonuma-Garnele
Otocinclus sp.	Zwergharnischwels
Glossolepis incisus	Lachsroter Regenbogenfisch

Pflanzen:

Lilaeopsis carolinensis	Carolina-Graspflanze
Sagittaria subulata forma *pusilla*	Zwerg-Pfeilkraut
Anubias barteri var. *nana* „Narrow"	Narrow-Zwergspeerblatt
Anubias barteri var. *nana*	Zwergspeerblatt
Anubias heterophylla	Verschiedenblättriges Speerblatt
Cryptocoryne wendtii var.	Wendts Wasserkelch I
Cryptocoryne wendtii var.	Wendts Wasserkelch II
Bolbitis heudelotii	Kongofarn
Vesicularia dubyana	Javamoos

Zwergspeerblatt,
Anubias barteri var. *nana.*

Narrow-Zwergspeerblatt,
Anubias barteri var. *nana* „Narrow".

Zwergspeerblatt,
Anubias barteri var. *nana.*

Verschiedenblättriges Speerblatt,
Anubias heterophylla.

Bastard-Wasserkelch,
Cryptocoryne parva X *nevillii.*

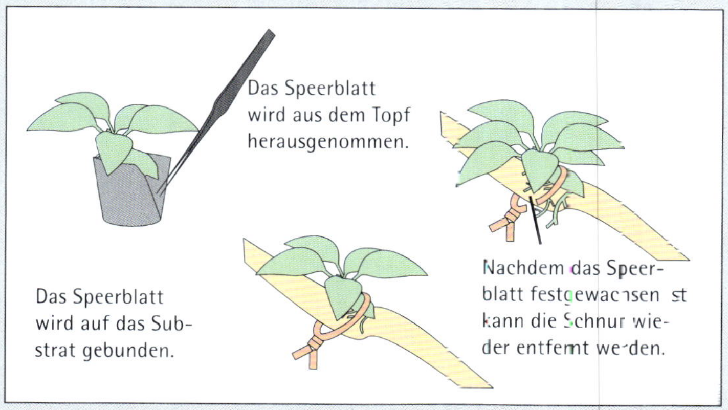

Wir hoffen, dieses Buch ist Ihnen Anregung, selbst schöne Naturaquarien in Ihrem Zuhause zu schaffen!

Du même auteur
aux Editions Albin Michel

Ils sont moches
Mon papa
La vie au grand air
La vie des bêtes
On vit une époque formidable
Vive les femmes
Vive les vacances
Phantasmes
Les copines
Gros dégueulasse
Fous d'amour
Saison des amours
Jeanine

22, rue Huyghens, 75014 Paris
ISBN 2-226-01374-1

REISER

PHANTASMES

T'ES FOU
IL N'Y A QUE LÀ QUE JE SUIS BIEN!
J'AI MÊME PAS EU LE TEMPS DE ME PRÉPARER...
J'OUBLIE TOUT... JE SUIS HEUREUX!
HÔÔÔÔ
JE T'AIME À LA FOLIE!
JE T'AIME! TA CHATTE... OH OH OUI... LÈCHE... LÈCHE
OH OH
TA LANGUE... COMME ELLE EST DOUCE...
CONTINUE
TA LANGUE

TU ES VENU TROP VITE, JE N'AI PAS EU LE TEMPS DE PRENDRE MA DOUCHE
M'EN FOUS!
JE T'AIME MÊME QUAND TU ES SALE!
JE LÉCHERAIS TA CHATTE MÊME SI ELLE PUAIT LA CHAROGNE!
OH OÛ OÛ OÛ OU
JE LÉCHERAIS TON CUL PLEIN DE MERDE!
ÔU ÔU
J'ENFOUIRAIS MON VISAGE DANS TA CHATTE PENDANT TES RÈGLES!
JE BOIRAIS TON SANG POURRI!... JE M'EN BARBOUILLERAIS JUSQU'AUX OREILLES...
MON CHÉRI
JE SUCERAIS TON TAMPAX!
OUI
JE LE DÉGUSTERAIS COMME UNE MERGUEZ DIVINE!
BOUK
JE JOUIS!
REISER

NE FAITES PLUS CHIER LES ANIMAUX DU ZOO AVEC VOS GOSSES
LE MERCREDI...
FAITES-LEUR L'ELEPHANT
REISER

NUITS PAISIBLES
BROMURE
R.

1

VIENS, MON GRAND.
OH... MOUÎÎÎ... C'EST BON...
?
?
TU EN AS UNE BELLE BITE BALTHAZAR...
?
LAISSE-TOI GUIDER
LA, LA... VIENS... HO C'EST BON
TU FAIS JOUIR TA MAITRESSE, BALTHAZAR... OUÎÎÎ...
2

QU'EST-CE QUE JE VOIS ?
ta femme te trompe avec balthazar
HIN HIN HIN
QUOI ?
BALTHAZAR ! TOI ! QUE JE CROYAIS MON MEILLEUR, MON FIDÈLE AMI !...
3

TU M'AS TRAHI!... ET AVEC MA FEMME ENCORE!...
BAH... IL NOUS AURAIT ENCOMBRÉS POUR PARTIR EN VACANCES...
C'EST TOUT CE QUE ÇA TE FAIT?
ALORS, TU NE L'AIMAIS PAS VRAIMENT?
MAIS TU ES FOU...
ALORS JE TE PARDONNE...
ET ÇA DIT AIMER LES ANIMAUX!...
REISER

T'AS TUÉ MA FEMME, TU LA REMPLACES !
REISER

BOURGEOISIE DE PROVINCE

SUITE →

SUITE
ON FAIT LA PHOTO DU SIÈCLE ?
MADAME TOURNE LE DOS À MONSIEUR QUI LUI PREND LES HANCHES, ET ATTENTION...
ATTENTION
TRÈS VITE ! PROFITANT QU'À NEUF HEURES DU MATIN IL N'Y A PAS DE TOURISTES, MADAME RELÈVE SA JUPE, BAISSE SA CULOTTE...
HEIN ?
HEU...
...ET MONSIEUR DÉGRAFE SON PANTALON
VITE ! PENDANT QU'IL N'Y A PERSONNE !
HEU...
ON HÉSITE ?
BORDEL DE MERDE, DÉFONCEZ-VOUS ! ON EST À PARIS !
CETTE PHOTO VOUS FERA MARRER ENCORE DANS 40 ANS !
ON DEVRAIT LE FAIRE, IL S'EXCITE, IL S'EXCITE ET IL RISQUE DE CASSER L'APPAREIL
DEVANT LE SACRÉ-CŒUR...
DITES... VOUS ÊTES COMME ÇA, DANS L'INTIMITÉ ?... UN PEU DE CHALEUR !...
JOUEZ !
MAIS, GILBERT... TU... TU... TU ES ÉMU ?
CLIC CLIC
GILBERT... OH !... OH !
CLIC CLIC CLIC CLIC
MAIS TU...
L'APPAREIL !
COURS APRÈS !
AU VOLEUR !
UN APPAREIL DE 4000 FRANCS... ON S'EN SOUVIENDRA !
PLUTÔT NON, MÊME PAS UNE PHOTO SOUVENIR !
OUI, C'EST ÇA, LE PIRE... MÊME PAS UNE PHOTO ! QUEL SALAUD !
TU CROIS QU'ON ÉTAIT BIEN ?
DEVANT LE SACRÉ-CŒUR
QUELLE AUDACE ON A EUE
ET MÊME PAS UNE PETITE PHOTO SOUVENIR !
MONSIEUR ET MADAME ONT PASSÉ UN BON SÉJOUR CHEZ LES PARIGOTS ?
« J'AI DÉVELOPPÉ VOS PHOTOS PORNOS. JE VOUS LES ENVOIE SI VOUS ME PROCUREZ CINQ MILLIONS (ANCIENS) DANS TROIS JOURS...
...SINON...
JE LES ENVOIE À TOUS LES NOTABLES DE LA VILLE !
ET BIEN, TU VOIS... ON LES AURA, NOS PHOTOS SOUVENIR...
REISER

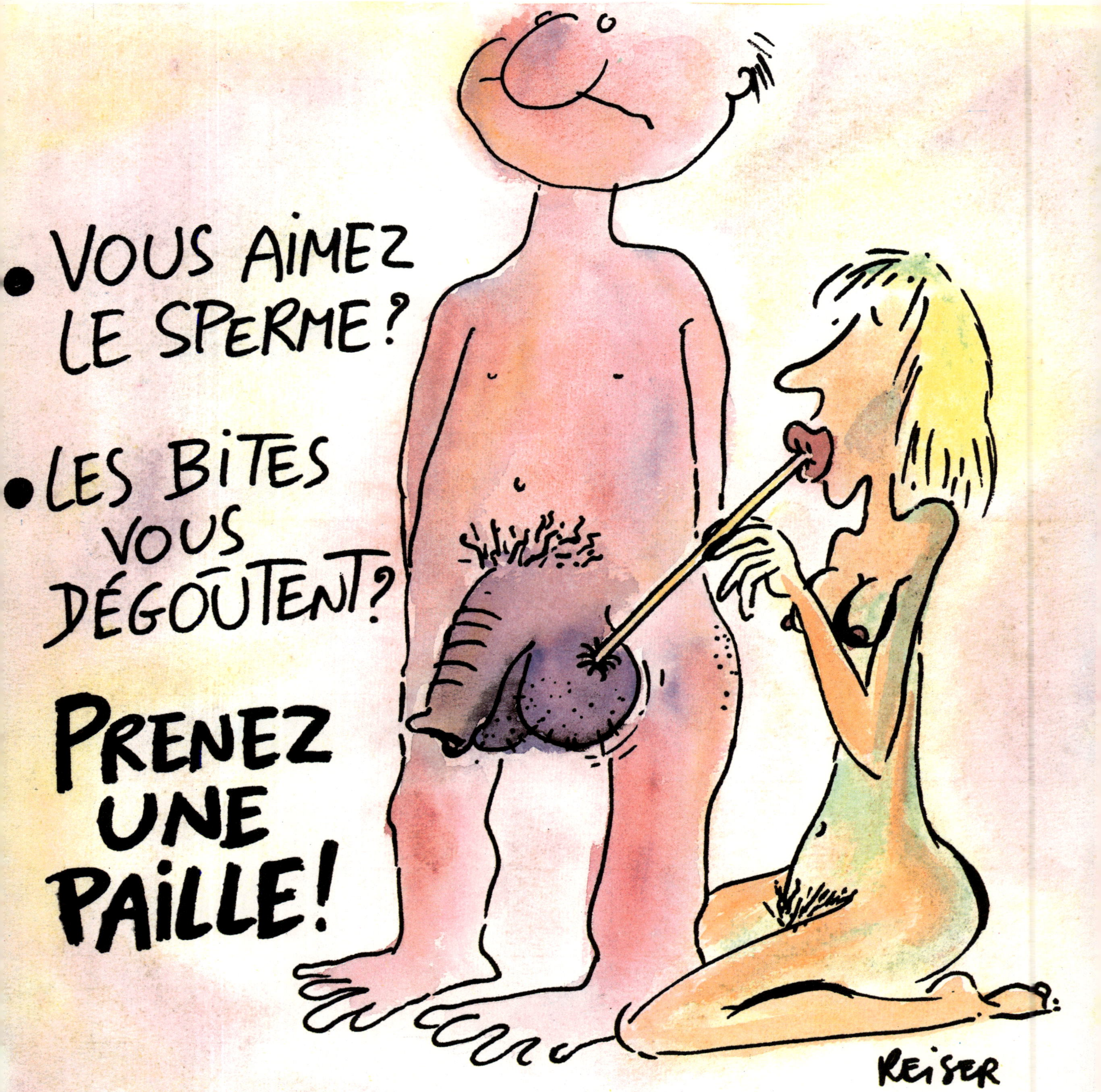
• VOUS AIMEZ LE SPERME ?
• LES BITES VOUS DÉGOÛTENT ?
PRENEZ UNE PAILLE !
REISER

SE FAIRE SUCER EN FAISANT DES MATHS... C'EST LE NIRVANA
SENSATIONNELLES, CES PETITES MACHINES...
HMMM HMMM
HMMM
UNE GICLÉE DE SPERME, C'EST COMBIEN DE CENTIMÈTRES CUBES ?
QUELLE QUESTION... ÇA DÉPEND DES JOURS...
EN MOYENNE ?
EN MOYENNE... HEU...
CHOISIS UNE UNITÉ DE VOLUME PLUS REPRÉSENTATIVE QUE LE CENTIMÈTRE CUBE
CUILLÈRE À CAFÉ... CUILLÈRE À DESSERT... CUILLÈRE À SOUPE... LOUCHE
CUILLÈRE À DESSERT
UNE LOUCHE...
...JE VOUS DEMANDE...
CUILLÈRE À DESSERT... BON !
ON VA PRENDRE LES DIMENSIONS DE LA CUILLÈRE
?
30 m/m DE LARGE
38 m/m DE LONG
9 m/m DE PROFONDEUR
EN MÉMOIRE
BON ! MAINTENANT, ON VA EN CALCULER LE VOLUME...
UNE CUILLÈRE, C'EST UNE PARTIE D'ŒUF...
TU TE SOUVIENS DE LA FORMULE POUR AVOIR LE VOLUME DE L'ŒUF ?
HOMMF...
NON, MAIS JE ME SOUVIENS DU VOLUME DE LA SPHÈRE $\frac{4}{3} \pi R^3$
BRAVE PETITE...
ÇA IRA
UN ŒUF... C'EST EN GROS... LE VOLUME DE DEUX SPHÈRES
AVEC, COMME DIAMÈTRES RESPECTIFS, LES DIAMÈTRES DES GROS BOUTS ET DES PETITS BOUTS DE L'OVE
SUITE →

CES DIAMÈTRES... EN GROS... HMMM 15 m/m ET 30 m/m
ALORS, NOUS AVONS DIT: $\frac{4}{3} \pi R^3$...
GNIN GNIN GNIN
ATTENTION...
FAUT PAS SE GOURRER DANS LES VIRGULES
DIVISÉ PAR QUATRE. LE VOLUME DE LA CUILLÈRE ÉTANT À PEU PRÈS LE QUART DE L'ŒUF
ÇA NOUS DONNE, POUR CHAQUE ÉJACULATION...
OUÂÂÂÂ
4,367 cm^3
EN FAIT, UN HOMME PEUT FOURNIR ÇA TOUS LES DEUX JOURS, N'EST-CE PAS ?
CE QUI DONNE... 795 cm^3 70 PAR ANNÉE...
HOU LA LÀ...
ÇA FAIT BEAUCOUP!
ÉTANT DONNÉ QUE L'ACTIVITÉ SEXUELLE D'UN HOMME EST DE... METTONS 60 ANS...
ON OBTIENT POUR LA VIE ENTIÈRE... 47.742 cm^3
PRESQUE 48 LITRES!
COMBIEN ÇA PÈSE, UN BÉBÉ ?
METS QUATRE KILOS
LA FAMILLE FRANÇAISE COMPTANT UNE MOYENNE DE DEUX... TROIS
ON S'APERÇOIT ALORS QU'IL FAUT...
21 KILOS 820 GRAMMES DE SPERME POUR PRODUIRE UN KILO DE BÉBÉ!
QUEL GASPILLAGE!...
HOU... HOU... HOU...
LE MONSTRE!
L'IGNOBLE MONSTRE!
C'EST TOUTE SA CONCLUSION APRÈS UN ACTE D'AMOUR AUSSI BEAU!...
UNE LARME DE FEMME... 40 MILLIMÈTRES CUBES...
UNE FEMME MALHEUREUSE PLEURE EN MOYENNE TROIS FOIS PAR SEMAINE
50 LARMES À CHAQUE FOIS
ÇA DONNE... HMMM MÊME PAS UN TIERS DE LITRE PAR AN!
NÉGLIGEABLE!
REISER

SI CES HOMMES
ÉTAIENT BIEN SUCÉS...
REISER
...ILS N'IRAIENT PAS
DÉPENSER L'ARGENT DU
MÉNAGE AU CAFÉ !

ALLEZ FAIRE ÇA CHEZ LES SAUVAGES
VOUS ÊTES LA HONTE DE LA REGION
C'EST PAS UNE NOURRITURE POUR LES ENFANTS
ÇA SUFFIT
C'EST BIENTÔT FINI CETTE MASCARADE
SI VOUS ETIEZ HABILLÉS ENCORE..
À L'USINE!
REISER

JE SENS TES DENTS
LÀ AUSSI...
JE SENS TES DENTS
JE SENS TOUJOURS TES DENTS!
AH, DIS DONC, TU NE FAIS PAS BEAUCOUP DE PROGRÈS...
À TON ÂGE, TU POURRAIS COMMENCER À AVOIR UN MINIMUM D'EXPÉRIENCE
OUAIS D'ACCORD, DES PETITS TRUCS COMME ÇA, ÇA VA...
MAIS JE REGRETTE, JE SENS TOUJOURS TES DENTS
HÉ OUI!
LÀ, C'EST ENCORE PIRE!
QU'EST-CE QUE T'AS COMME DENTS!...
C'EST PAS UNE BOUCHE, C'EST UNE BOÎTE D'ENGRENAGES!
AH!
L'AMORCE DE QUELQUE CHOSE D'UN PEU PLUS MOELLEUX
MOELLEUX, C'EST LE MOT...

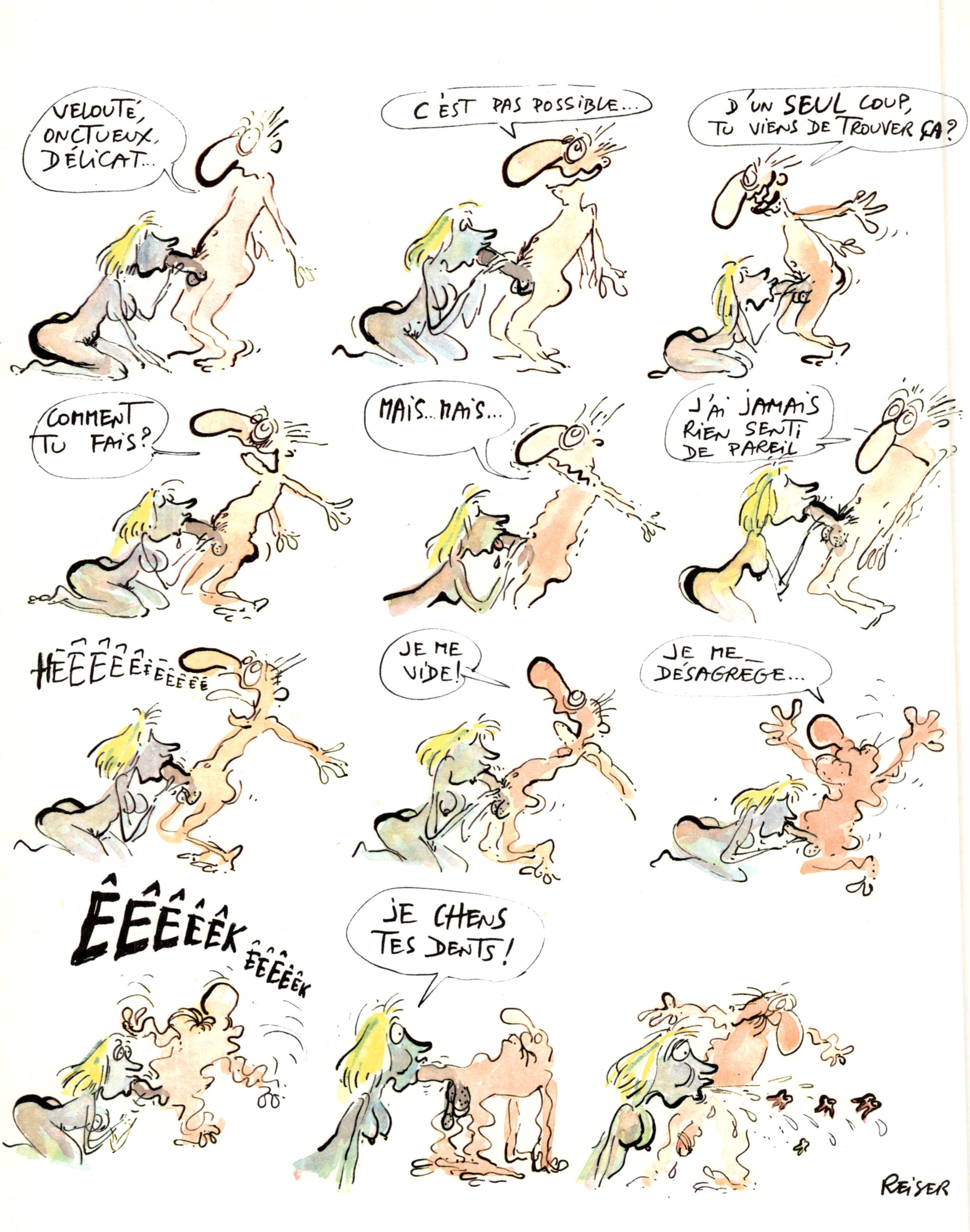
VELOUTÉ, ONCTUEUX, DÉLICAT...
C'EST PAS POSSIBLE...
D'UN SEUL COUP, TU VIENS DE TROUVER ÇA?
COMMENT TU FAIS?
MAIS... MAIS...
J'AI JAMAIS RIEN SENTI DE PAREIL
HÊÊÊÊÊÊÊÊÊÊÊ
JE ME VIDE!
JE ME DÉSAGREGE...
ÊÊÊÊÊÊK ÊÊÊÊÊK
JE CHENS TES DENTS!
REISER

LES PIPES, C'EST DÉMODÉ!... LÈCHEZ LA PLANTE DES PIEDS!
JE SENS TES DENTS!
REISER

ATTENTION
AUX MALADIES VÉNÉRIENNES!
NE RAMASSEZ PAS LES GLACES DANS LES CABINETS MALPROPRES!
REISER

MARIAGE D'AMOUR

ON PEUT CONTINUER ?
JE REPRENDS : MONSIEUR ÉJACULATION PRÉCOCE, VOULEZ-VOUS PRENDRE POUR ÉPOUSE MADEMOISELLE PEINE À JOUIR ICI PRÉSENTE ?
OUI !
J'EN ENTENDS ENCORE QUI RICANENT DANS LE FOND !
HOU HOU
LES TROIS CHEVELUS ET LEURS CAVALIÈRES, SORTEZ !
LE MARIAGE EST UN ACTE GRAVE QUI RÉCLAME UN MINIMUM DE DIGNITÉ !
ATTENTION AU DEUXIÈME RANG...
PFFFF
J'AI DIT ATTENTION !
M'FFFF
2

BON, DEHORS!
ON EST LES TÉMOINS...
M'EN FOUS!
DEHORS!
HI HI HI
LE MARIAGE N'AURA PAS LIEU
ET, CROYEZ-MOI, C'EST PAS UNE GROSSE PERTE!
MES LUNETTES!
TOUT S'ARRANGE...
MONSIEUR ÉJACULATION PRÉCOCE, ET MADEMOISELLE PEINE À JOUIR...
VOULEZ-VOUS PRENDRE POUR ÉPOUX MONSIEUR MASOCHISTE, ICI PRÉSENT?
③
REISER

IL Y A ENCORE DES HOMMES COURAGEUX !
SI MON CUL ETAIT RADIO ACTIF EN VOUDRAIS-TU ?
OUI !

BABY PORNO

MOI QUI CONNAIS BIEN LES FEMMES, JE NE CRAINS PAS D'AFFIRMER...
QUE HUIT ANS, C'EST PAS L'ÂGE IDÉAL...
À HUIT ANS, VOYONS... MAIS ÇA PUE LA PISSE!
SOUVENEZ-VOUS DE VOS ANNÉES DE TOUCHE-PIPI... QUAND ON JOUAIT AU DOCTEUR AVEC LES VOISINES
D'AILLEURS, LES ADOLESCENTES NE SENTENT PAS BON NON PLUS!
...TOUJOURS L'ODEUR D'URINE...
MAIS, EN PLUS, DES REMUGLES, DES MACÉRATIONS D'ADULTE PAS SOIGNÉE
BREF, ÇA EMBAUME LA VIEILLE CREVETTE POURRIE
C'EST NORMAL
L'ADOLESCENCE, C'EST LA PÉRIODE OÙ L'ON CACHE SES CULOTTES MERDEUSES SOUS LES LITS
LES FILLES COMMENCENT À SE LAVER...
J'AI DIT "COMMENCENT"...
...À SE LAVER
DISONS... VERS VINGT ANS
ET NE SONT VRAIMENT PROPRES QU'À PARTIR DE TRENTE ANS!
OUÂOU
...J'AI COMPRIS, TU VEUX ME LAISSER TOMBER POUR UNE VIEILLE!

ARRÊTE DE TE MASTURBER, PÉPÉ, TU VAS DEVENIR SOURD!
QU'EST-CE QUE TU DIS ?
HI HI HI HI HI HI
ARRÊTE DE TE MASTURBER, TU VAS DEVENIR SOURD!
QU'EST-CE QUE TU DIS ?
SUITE

VOUS AVEZ FINI D'EMBÊTER VOTRE GRAND-PÈRE?
PETITS MONSTRES! UN PÉPÉ QUI VA BIENTÔT DEVENIR CENTENAIRE!
CENTENAIRE...
BLAM
BEN, DIS DONC, ÇA CONSERVE... PAS VRAI, PÉPÉ?
QU'EST-CE QUE TU DIS?
PFFFFFF
2
REISER

JE VAIS TE FAIRE MOURIR VIEUX CON!
VIEUX CON!
VAS-DON, HÉ MAL BAISÉE!
REISER

L'AMOUR APRÈS 60 ANS

SUITE →

2
J'AI EU DES CAUCHEMARS TOUTE LA NUIT
ET QUAND JE PENSE À CE QUE J'AI VU HIER SOIR, J'EN AI L'APPÉTIT COUPÉ!
BEUÂRK!
CES VIEILLES PEAUX RIDÉES
CES VIANDES FLASQUES...
QUELLE HONTE!
BONJOUR, LES ENFANTS!
BIEN DORMI?
PAS DE PETITE BISE?
VOUS TROUVEREZ CE QU'IL FAUT POUR LE PETIT DÉJEUNER SUR LA TABLE
PETITE BISE PETITE BISE... MANQUE PAS DE CULOT, CETTE VIEILLE POUFIASSE!
...LUI LÉCHER LE CUL AUSSI?
BONJOUR PAPY!
BONJOUR MAMY!
ILS OSENT!...
APRÈS CE QU'ILS ONT FAIT CETTE NUIT AVEC LEURS VIEILLES BOUCHES...
ÇA, J'AIME PAS!...
ILS OSENT POSER DES BAISERS SUR CES ÊTRES SI PURS...
MAIS FAIS QUELQUE CHOSE!
POURQUOI TU PLEURES, PAPY?
PARCE QUE PAPA ET MAMAN N'ONT PAS VOULU NOUS FAIRE DE BISOUS...

SUITE →

③
HOU HOU!... ILS NE NOUS AIMENT PLUS, ILS VEULENT NOUS METTRE DANS UN ASILE...
L'ASILE?
JAMAIS!
MON VIEUX, T'Y COUPERAS PAS! VOUS POURREZ Y FAIRE VOS SALOPERIES ENTRE VIEUX!
SI TOUS LES VIEUX SONT COMME EUX ÇA DOIT PARTOUZER EN PERMANENCE
J'IMAGINE LA VIE QUE ÇA DOIT ÊTRE...
C'EST BIEN CE QUI ME FAIT HÉSITER...
LES GOSSES LES AIMENT TELLEMENT...
QU'ON NE POURRA PAS EMPÊCHER LES VISITES
L'IDÉE DE LES VOIR EMBRASSER CES VISAGES QUI AURONT LÉCHÉ ET SUCÉ TOUTES LES BITES ET LES CULS DE L'HOSPICE ME REND MALADE!
T'AS UN PEU RAISON...
GARDONS-LES A LA MAISON...
AUTANT QUE ÇA NE SORTE PAS DE LA FAMILLE
REISER

JE VEUX PAS MONTER SUR LE PODIUM PARCE QU'ON VERRAIT MES COUILLES
R.

REISER

L'ENFANCE D'UN CANDIDAT À LA PRESIDENCE – EDUCATION SEXUELLE

PLUS DE MEDICAMENTS
SOIGNEZ À COUPS DE GUEULE !
TRAVAILLEZ MOINS !
BUVEZ MOINS !
FUMEZ MOINS !
BAISEZ PLUS
ET TOUT RENTRERA DANS L'ORDRE !
HEU... Y'A UN PROBLÈME...
JE SUIS DÉJÀ AU CHÔMAGE.
JE BOIS À PEINE.
JE NE FUME JAMAIS.
ET MA FEMME N'A PLUS ENVIE DE MOI !
AH
BON, BEN, JE VAIS VOUS FAIRE UNE ORDONNANCE.
REISER

C'EST JOLI UNE FILLE EN MANTEAU DE FOURRURE
SEULEMENT JE NE PEUX PAS M'EMPÊCHER DE PENSER AUX PETITES BÊTES QU'IL A FALLU TUER POUR ÇA...
POUR LES VENGER, J'ARRACHE QUELQUES POILS PAR CI PAR LÀ...
EN PASSANT.
PINCÉE PAR PINCÉE, ÇA FAIT VITE UNE POIGNÉE
HOP, DANS LA POCHE
UNE POIGNÉE LE MATIN UNE POIGNÉE LE SOIR
AU BOUT DE L'HIVER, ÇA ME FAIT UN BEAU PETIT TAS..
JE TASSE TOUT ÇA DANS UNE ENVELOPPE EN VELOURS DE COULEUR
JE BRODE L'ANNÉE
ÇA ME FAIT DES PETITS COUSSINS TRÉS JOLIS ET TRÉS CON. FORTABLES
NON MAIS... SALOPES
1971
1968
1969
1970
JE NE SUIS PAS CHIEN QUAND MÊME, DES FOIS J'EN INVITE UNE
COUCOU
SONT CONFORTABLES TES COUSSINS
COMME ÇA, ELLES NE PERDENT PAS LEURS POILS POUR RIEN
REISER

POUR UNE FOIS, C'EST PAS LES VIS PLATINÉES

JEUX OLYMPIQUES :
NON À LA PUBLICITÉ CLANDESTINE !
AIR
FRANCE
1
REISER

LA GRANDE MODE
DE CET
ÉTÉ :
LE
RAFRAÎCHISSEUR
DE COUILLES
REISER

HEIN ?
QU'EST-CE QUE TU DIS ?
ABATTOIR
JE DIS : C'EST DÉGUEULASSE…
IL Y EN A TOUJOURS QUI PROFITENT DES SITUATIONS PÉNIBLES POUR VOUS PELOTER LES FESSES !
ABATTOIR
REISER

AAAAAH
QUELLE FÊTE MON CHÉRI !...
AH, C'EST FANTASTIQUE !
C'EST PAS VRAI... QUEL HOMME !
HOU.... J'EN PEUX PLUS...
J'AI JAMAIS VU ÇA !... PAS CROYABLE...
T'AS JAMAIS DURÉ AUSSI LONGTEMPS !...
QUELLE PERFORMANCE !
ÇA FAIT LA QUATRIÈME FOIS CE SOIR !...
AAAAAH AAAAAH... C'EST PAS POSSIBLE... TU T'ES DOPÉ...
TU T'ES DOPÉ ! C'EST PAS LOYAL... TU T'ES DOPÉ... C'EST PAS RÉGULIER !...
DEMAIN, JE TE FAIS ANALYSER LES URINES !
REISER

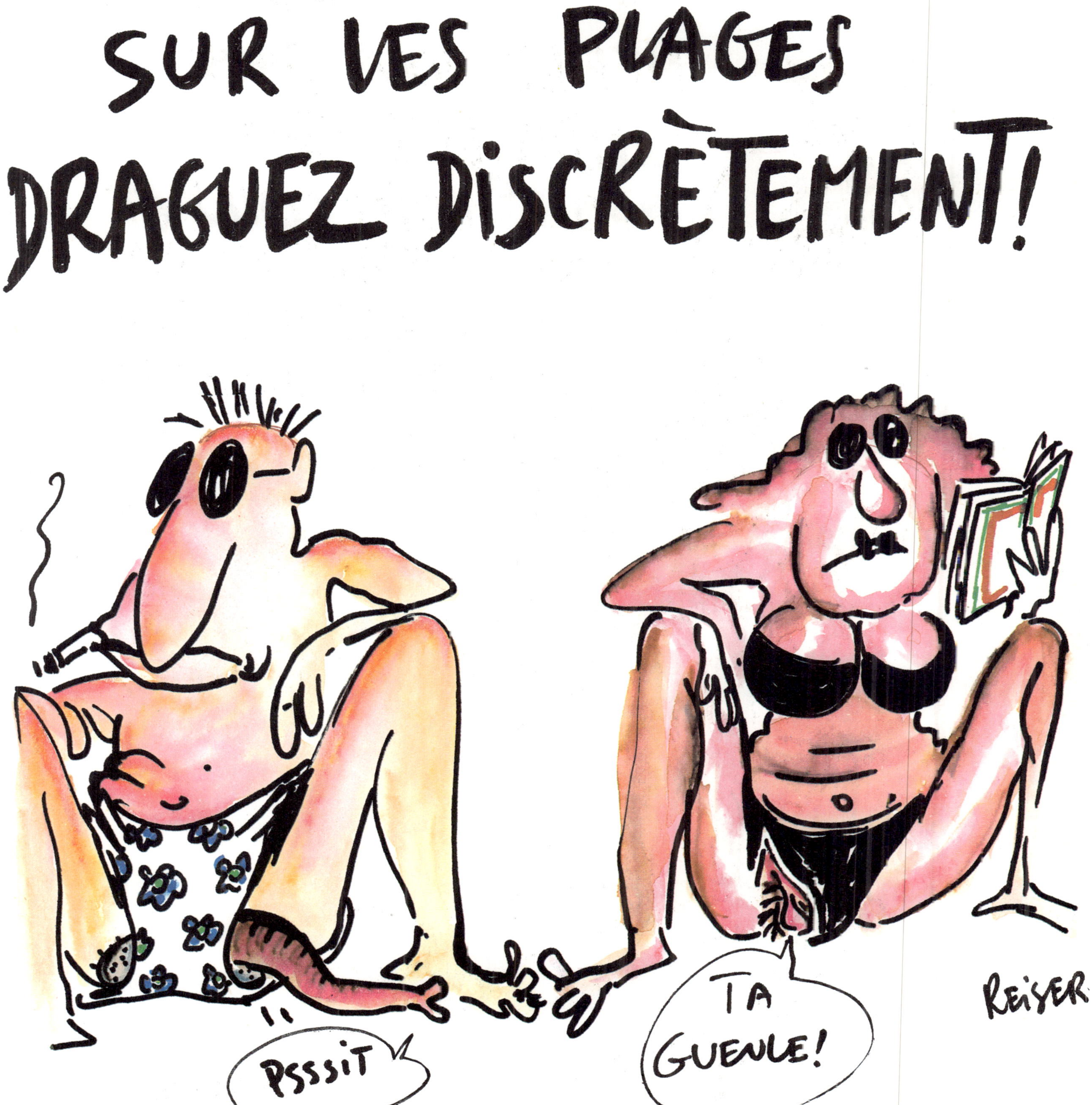
SUR LES PLAGES
DRAGUEZ DISCRÈTEMENT!
PSSSIT
TA GUEULE!
REISER

CANARDS !
MEFIEZ-VOUS DES INDIVIDUS QUI FONT COIN COIN ET QUI PORTENT DES PALMES, C'EST PAS TOUS DES CANARDS !
MERCI DU RENSEIGNEMENT, MAIS C'EST UN PEU TARD...
REISER

TOUS CES CONS QUI PARTENT EN WEEK-END...
ALORS QU'ON EST SI BIEN TOUS LES DEUX...
OUI, MAIS NOUS, ON S'AIME
EN PLUS, ON A «WEEK-END» DE GODARD À LA TÉLÉ
CHOUETTE !
ÇA, C'EST DU CINOCHE !
OUAIS, MAIS LA MOITIÉ DE CE QU'IL FAIT, C'EST TOUJOURS CHIANT
LA SCÈNE OÙ IL VOUDRAIT VOIR LA FILLE TREMPER SON CUL DANS UNE ASSIETTE DE LAIT...

AU DODO!
J'ALLAIS OUBLIER LE CHAT
JE VOUDRAIS QUE TU TREMPES TON CUL DANS UNE ASSIETTE DE LAIT
HEIN?
ÇA VA PAS, NON?
ÇA ME FERAIT PLAISIR
JUSTE UNE FOIS...

AAAAH
SUBLIME...
OH LÀ LÀ, QUE C'EST BEAU!... QUE C'EST BEAU!
LES GOUTTES DE LAIT SUR TES POILS...
DANS LES MÉANDRES DE TA CHATTE... QUE C'EST BEAU!...
QU'EST-CE QUE C'EST QUE CES CONNERIES ?
ET TON PETIT TROU DU CUL...
POUVEZ PAS ALLER FAIRE VOS BÊTISES AILLEURS QUE DANS MON ASSIETTE ?

TA CHATTE MOUILLÉE DE LAIT EST PLUS BELLE QUE TOUTES LES CATHEDRALES DU MONDE !..
ET ÇA A UNE ÂME...
ET ÇA LÀ-HAUT, C'EST ÉROTIQUE PEUT-ÊTRE ?
HEIN ?
HÉ !
AH C'EST LUI !
ATTENTION, JE POURRAIS ÊTRE MÉCHANT !
LA GUEULE QUE T'AS FAITE !
BEN HÉ !...
TOUS CES CONS QUI PARTENT EN WEEK END ALORS QU'IL SUFFIT DE SI PEU DE CHOSE POUR ÊTRE HEUREUX À LA MAISON... UNE TÉLÉ... UNE ASSIETTE DE LAIT...
UN PETIT CHAT
ET DE L'AMOUR !

REISER

ON PREND SON PIED COMME ON PEUT...
REISER

TAXE SUR LES ORGASMES
EN VOILÀ UN QUE LE PERCEPTEUR NE VERRA PAS

REISER

HISTOIRE D'AMOUR...
ELLE EST TROP PETITE, HEIN?
MAIS NON...
SI, SI, JE SAIS BIEN QU'ELLE EST TROP PETITE...
VIENS TE COUCHER
VIENS QUE JE LA FASSE GROSSIR...
TU PARLES!
MÊME QUAND JE BANDE, ELLE RESTE PETITE...
C'EST POUR ÇA QUE JE N'ARRIVE JAMAIS À TE FAIRE JOUIR
MAIS SI!
JE VOIS BIEN QUE J'AI JAMAIS RÉUSSI À TE FAIRE CRIER...
C'EST PAS LE PLUS IMPORTANT...
L'IMPORTANT, C'EST QUE TU M'AIMES!...
PEUT-ÊTRE... MAIS...
SI EN PLUS J'AVAIS UNE GROSSE BITE, ON SERAIT VRAIMENT HEUREUX!
HEIN?... DIS-MOI, SI J'AVAIS UNE GROSSE BITE, TU SERAIS PLUS HEUREUSE?
TU VAS PAS REMETTRE ÇA!...
1

J'AI TOUJOURS PEUR QUE TU TE TIRES AVEC UN TYPE À GROSSE QUEUE...
UN ÉNORME MASTARD QUI TE FERAIT HURLER TOUS LES SOIRS !...
T'ES RIDICULE
JE ME SUIS ACCOMODÉE DE TA PETITE BITE DEPUIS DOUZE ANS, JE NE VOIS PAS POURQUOI ÇA NE DURERAIT PAS...
AH ! TU VOIS BIEN ! TU AVOUES QUE J'AI UNE PETITE BITE !
C'EST LE CAUCHEMAR DE MA VIE !
JE T'ASSURE QU'ELLE N'EST PAS SI PETITE QUE ÇA !
ÇA NE PEUT PLUS DURER...
CHERI...
JE VAIS ME LA COUPER !
TU ES FOU !
ARRÊTE !
VA ME FALLOIR DU COURAGE...
NE COUPE PAS TA BITE !
C'EST PAS MA BITE QUE JE VEUX COUPER...
2

C'EST MA MAIN!
NON!
FAIS-MOI VITE UN PANSEMENT
ET MAINTENANT, À L'HOPITAL, VITE!
COGNAC
MAIS ENCORE UNE FOIS, QU'EST-CE QUI T'AS PRIS?
J'AI UNE PETITE BITE, BON!
INUTILE DE ME LAMENTER DESSUS TOUTE MA VIE!
JE DEVAIS RÉAGIR
ET AVOIR UNE RÉACTION...
DIGNE DE L'AMOUR QUE JE TE PORTE!
TROIS MOIS PLUS TARD...
TU AS VU CHÉRIE? COMPLÈTEMENT CICATRISÉ!
POUR FÊTER ÇA, NOUS ALLONS FAIRE L'AMOUR...
ET MAINTENANT... QUI C'EST QUI A LA PLUS GROSSE?...
OUOUOU
...CELLE QUI EST TOUT LE TEMPS DURE? CELLE QUI EST TOUJOURS DISPONIBLE? CELLE QUI NE FAIBLIT JAMAIS?...
AAAHHAAA
C'EST TOI C'EST TOI C'EST TOI!
DES AMANTS COMME TOI, ON N'EN FAIT PLUS...
3
REISER

IMPÔT SUR
LES GROSSES BITES
LA MOITIÉ EST EN SUISSE!
REISER

MAMAN, C'EST VRAI QUE J'AI UNE PETITE BITE
MAIS NON MON CHERI
A L'ECOLE ILS ONT DIT QUE J'AVAIS UNE PETITE BITE
C'EST DES MENTEURS
NON, C'EST DES ARABES
ET PUIS DES NÈGRES
C'EST DES MENTEURS QUAND MÊME
FAUT PAS ÊTRE RACISTE
JE NE SUIS PAS RACISTE, MAIS J'AIME PAS QU'ON DISE QUE J'AI UNE PETITE BITE!
FAUT PAS LES CROIRE, IL FAUT CROIRE TA MAMAN
ET TA MAMAN TE DIT QUE TU N'AS PAS UN TROP PETIT ZIZI
TU AS UN ZIZI HEU... NORMAL.
TU DIS ÇA POUR NE PAS QUE JE PLEURE
NON! JE DIS ÇA PARCE QUE C'EST LA VERITÉ! MAINTENANT, VA TE COUCHER!
IL EST TARD
OUAILLE
MAMAN!
LE CHAT A ENCORE VOULU MANGER MON ZIZI
M'EN FOUS... PLUS TARD, JE SERAI POLICIER!...
HAUT LES MAINS! PAN!
...DANS LA BRIGADE ANTI GANG, JE TUERAI DES ARABES, DES NÈGRES ET DES CHATS
POUR ME VENGER D'AVOIR UNE PETITE BITE
REISER

DERNIÈRE FOIS QUE JE FOUS LES PATTES DANS CE QUARTIER DE PUTES !
REISER

REISER

1
2

3
4
REISER

Y'A RIN DE PLUS BEAU QUE D'FAIRE L'AMOUR DANS LES CHAMPS
AU LIEU DE FAIRE LE POÈTE, FERAIS MIEUX DE TE REMUER UN PEU PLUS
ON EST LES SEULS DE LA FAMILLE À PAS AVOIR DE TRACTEUR
J'AS UNE IDÉE
POUR GAGNER DES SOUS AVEC MES 32 HECTARES
SANS SE COUVRIR DE DETTES
ET EN RESTANT POÈTE
TU VAS FAIRE UN CAMPING ?
MIEUX
FAIRE L'AMOUR
COMME VOUS L'AVEZ TOUJOURS RÊVÉ...
• DANS UN CHAMP DE BLÉ
• DANS UN CHAMP DE COLZA
• DANS UN CHAMP DE COQUELICOTS
• DANS LES TOURNESOLS
• DANS LA LUZERNE...
32 HECTARES À VOTRE DISPOSITION !
5 F
GARANTI SANS VOYEURS !

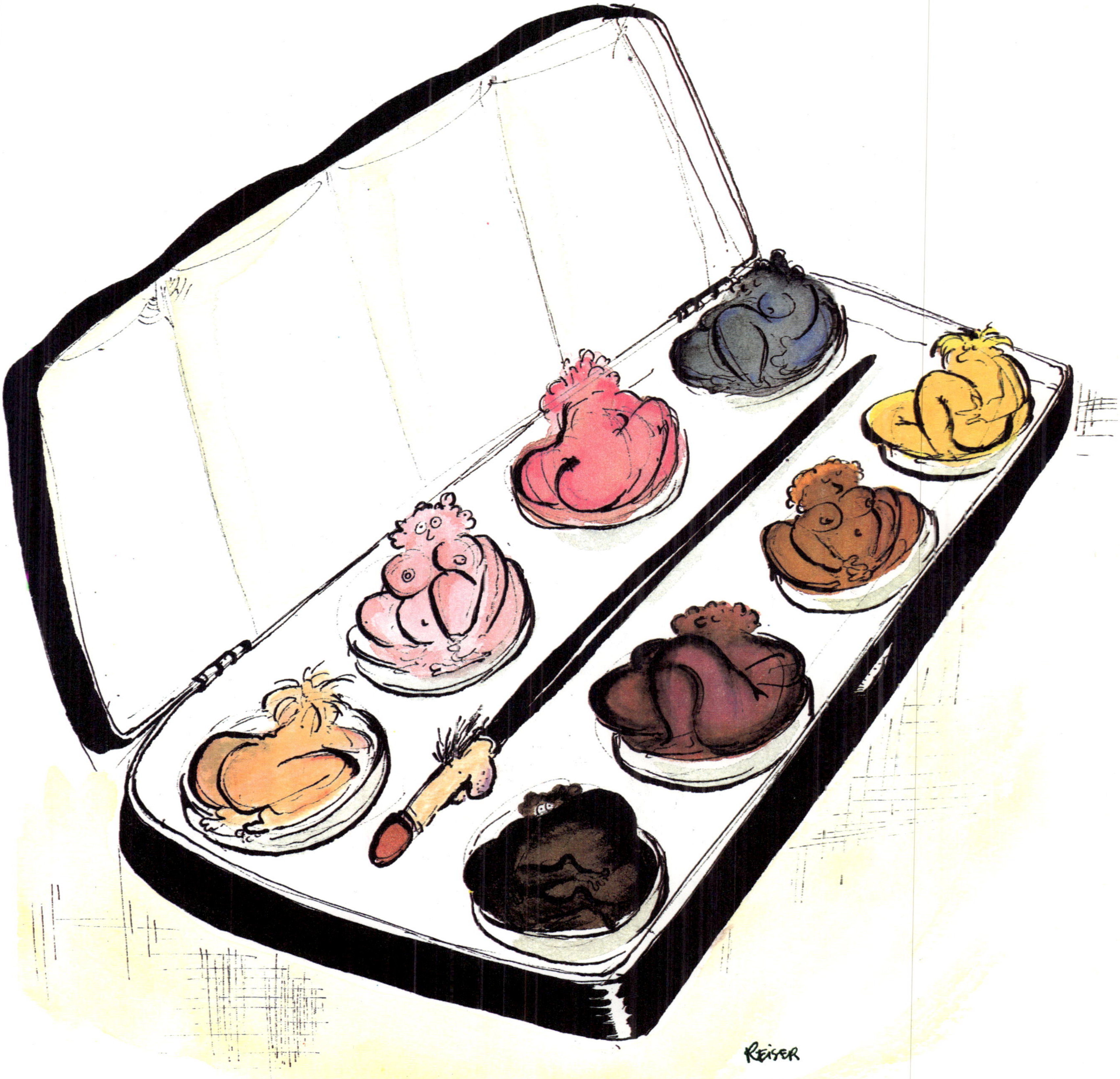
REISER

CENTRALES NUCLEAIRES
ON VA DEVENIR DES MONSTRES
CHOUETTE !

PIÈGE À TAUPES
DÉGUISEZ-VOUS EN PAPE, UN GROS MARTEAU À LA MAIN...
PARAÎT QU'IL Y A UN PAPE DANS LE JARDIN
UN PAPE? UN PAPE KI?
OÙ ÇA?
REISER

ZZZz
AÏE!
SALAUD!
T'AS ESSAYÉ DE ME SODOMISER PENDANT QUE JE DORMAIS...
MONSTRE!
JE REFUSE ÇA QUAND JE SUIS LUCIDE, ALORS TU ESSAIES SOURNOISEMENT QUAND JE DORS!...
JE FOUS LE CAMP!
VICIEUX, PÉDÉ REFOULÉ!
CHÉRIE... PENSE À NOUS...
NE ME TOUCHE PAS!...
JE SUIS SAINE, MOI! VA TE FAIRE SOIGNER, TOI!
C'EST PAS VRAI...
ELLE EST PARTIE, JE SUIS CON, JE SUIS CON, JE SUIS CON!
À CAUSE DE MOI...
C'EST VRAI... JE SUIS UN MONSTRE...
1

JE L'AIME, JE L'AIME..
JE SUIS HEUREUX AVEC ELLE...
ON S'ENTEND BIEN SUR TOUT!
ET IL FAUT QUE J'EXIGE D'ELLE LA SEULE CHOSE QU'ELLE ME REFUSE...
JE SUIS UN MONSTRE UN ANORMAL, UN MALADE...
JE VAIS ME FAIRE SOIGNER, JE VAIS VOIR UN PSYCHANALYSTE!..
TOUT PETIT, JE REGARDAIS MON ANUS DANS UNE GLACE... CE PETIT ŒIL SEC ET TOUT RIDÉ ME FASCINAIT.
JE N'AIME PAS LES HOMMES, JE SUIS SEULEMENT ATTIRÉ PAR LE CUL DE MA FEMME...
J'AVOUE QUE CE N'EST PAS MEILLEUR QUE PAR DEVANT
J'AVOUE AUSSI QUE C'EST UN PLAISIR INFINIMENT PERVERS
C'EST UNE PREUVE D'AMOUR!
MALGRÉ CE QU'ELLE EN PENSE!...
...ENVIE DE LA POSSÉDER COMPLÈTEMENT, TOTALEMENT...
JE VEUX EXTIRPER CES PHANTASMES DE MA TÊTE POUR RETROUVER SON AMOUR
2

QUEL SALAUD! QUEL SALAUD!
JE NE SUPPORTE PLUS QU'UN TYPE ME RELUQUE LES FESSES
HOTEL
OUI, AU MOINS, IL M'AIMAIT
C'EST MÊME L'HOMME QUI M'A LE PLUS AIMÉE...
SENSIBLE, GENTIL, INTELLIGENT...
JE NE M'ENNUYAIS JAMAIS AVEC LUI...
J'ÉTAIS BIEN... LA PLÉNITUDE...
J'AI PEUT-ÊTRE EU TORT DE PARTIR COMME ÇA...
J'AURAIS PEUT-ÊTRE DÛ ESSAYER...
ÇA ME RÉPUGNE, MAIS C'EST DES BLOCAGES IDIOTS QUE J'AI DANS LA TÊTE
MON ÉDUCATION CHRÉTIENNE À LA CON
SI ÇA SE TROUVE, C'EST BON...
TOUTES LES FEMMES ACCEPTENT ÇA, AUJOURD'HUI
C'EST MOI QUI SUIS ANORMALE...
FAUT QUE J'ENLÈVE ÇA DE MA TÊTE!
ET QU'ON REDEVIENNE UN VRAI COUPLE
DEMAIN, JE LOUE UN STUDIO ET JE VAIS VOIR UNE PSYCHANALYSTE
3

POUR MOI, C'EST ASSOCIÉ À UNE IDÉE SALE... LA MERDE
ET PUIS L'IMPRESSION D'ÊTRE VIOLÉE AU PLUS PROFOND DE MOI...
D'ÊTRE CONTRE-NATURE
...APRÈS DE LONGS MOIS ET BEAUCOUP D'ARGENT...
T'AS PAS CHANGÉ
TOI, TU SERAIS MÊME MIEUX...
TU M'AS MANQUÉ...
TOI AUSSI!...
RENTRONS CHEZ NOUS
TU ES TOUJOURS AUSSI BELLE
ET J'AI UNE SURPRISE, TU SAIS...
JE SUIS GUÉRIE...
SALOPE!...
NON!
TU ME FAIS HORREUR
CE GESTE... CETTE POSITION!...
TU ES PIRE QU'UNE CHIENNE, PIRE QU'UNE PUTE!...
FOUS LE CAMP!
MOI AUSSI, JE SUIS GUÉRI!
REISER

ACCIDENTÉS DE LA ROUTE : L'AMBULANCE COÛTE CHER.

SI VOUS POUVEZ MARCHER SUR LES MAINS, ALLEZ À L'HÔPITAL À PIED !

DEPUIS QUE JE ME SUIS FAIT ENLEVER LE CLITORIS, J'AI MAIGRI DE TROIS GRAMMES

APRÈS LA GÉNÉRATION DU GROS ROUGE, LA GÉNÉRATION BIÈRE/WHISKY… LA GÉNÉRATION DU JOINT !
MÊME À 5000 FRANCS LE KILO, À DÉFONCE ÉGALE, C'EST MOINS CHER QUE LE WHISKY
HI HI
PROCHAINE ÉTAPE : LA CULTURE EN APPARTEMENT, DERRIÈRE LES GRANDES BAIES VITRÉES *
À CÔTÉ DE ÇA, LES JARDINS SOURNOIS VONT SE MULTIPLIER…
REGARDE LES GRAINES QUE TU M'AS DONNÉES, LES BELLES FLEURS QUE ÇA FAIT…
J'EN AI DONNÉ AU VOISIN, ÇA POUSSE BIEN AUSSI CHEZ LUI
UN JOUR, ÇA SE SAURA, MÊME CHEZ LES MÉMÉS
DITES DONC, GRAND-MÈRE, C'EST DU JARDINAGE INTERDIT, ÇA ?…
QUOI ?
ÇA VA PAS, NON ? J'OUBLIE MON CANCER, MA PARALYSIE, ET VOUS VOULEZ M'ÔTER ÇA ?
PLUS LES PLANTATIONS SAUVAGES SE DÉVELOPPERONT… PLUS LES CHANCES QU'UN OISEAU AVALE LES GRAINES ET LES VÉHICULE UN PEU PARTOUT SE MULTIPLIERONT
LES PLANTATIONS SAUVAGES VONT PROLIFÉRER, ON NE PEUT PAS SURVEILLER TOUT LE TERRITOIRE, ET PUIS LA PLANTE EST RUSTIQUE…
BREF, C'EST PAS PAR LES TRAFIQUANTS INTERNATIONAUX QUE LE JOINT FERA UN JOUR SA PERCÉE…
C'EST PAR LES MÉMÉS
LES OISEAUX
ET LES CADRES ÉCONOMES
REISER

LE CUIR, C'EST DE LA VIANDE! SOYEZ VÉGÉTARIEN JUSQU'AU BOUT!
JE N'AI TUÉ AUCUNE BÊTE POUR ME VÊTIR
BRACELET-MONTRE EN PEAU DE BANANE
CEINTURE EN CORNICHONS
CHAUSSURES DE PASTÈQUES
REISER

DOCTEUR, J'AIME LES FEMMES ROUSSES
JE LES AIME PASSIONÈMENT!
MAIS J'EN AI PEUR
ATROCEMENT PEUR!
UN EXEMPLE: JE LA VOIS NUE, PLAISIR INTENSE QUELQUES SECONDES...
ET IMMEDIATEMENT JE PENSE QUE MES TESTICULES SONT DES NOISETTES, MA MAÎTRESSE UN ECUREUIL...
QUI VEUT DEVORER MES NOISETTES!
JE FUIS EN HURLANT
DEVANT CELLE QUI EST PEUT-ÊTRE LA FEMME DE MA VIE
C'EST EPOUVANTABLE!
DOCTEUR GUERISSEZ MOI!
HUM... POURRIEZ FIXER VOS OBSESSIONS SUR D'AUTRES TEINTES...
IMPOSSIBLE!
JE N'AIME QUE LES ROUSSES!
UNE CHATAIN TEINTE EN ROUSSE...
JE REMARQUE TOUT DE SUITE LA SUPERCHERIE!
IL NOUS FAUT UN COBAYE ROUSSE COMPRÉHENSIF QUI SAURA, EN DOUCEUR...
J'AI JUSTEMENT UNE COLLABORATRICE...
SYLVIE!
MONSIEUR?
NOUS AVONS BESOIN DE VOUS
HUM... VOUS ÊTES UNE COLLABORATRICE INTELLIGENTE, DÉVOUÉE, JE VOUS DEMANDERAIS UN PETIT SERVICE DELICAT... HEU... AUQUEL VOUS N'ÊTES PAS HABITUÉE ET QUI VA VOUS SURPRENDRE... HEU... HUM...
FAUT-IL GRIMPER À UN ARBRE?
KAÎÎÎÎ KAÎÎÎÎÎ KAÎÎÎÎ KAÎÎÎÎÎÎ
C'ÉTAIT LA SEULE CHOSE À NE PAS DIRE
REISER

LA CONSTIPATION
VAINCUE GRÂCE...
À L'ÉLIXIR DE L'ÉLÉPHANT

CULTURE
AUJOURD'HUI, VOUS POUVEZ AVOUER TOUTES VOS "DIFFÉRENCES" SEXUELLES SANS CRAINTE
JE SUIS HOMOSEXUEL
AH... QUELLE PERTE POUR LES FEMMES!
VOUS SAVEZ QUE JE ME SUIS TAPÉ UNE CHÈVRE UN JOUR...
ELLE ÉTAIT JOLIE?
JE VAIS ME MASTURBER TOUTES LES SEMAINES SUR LA TOMBE DE MARTINE CAROL
HEUREUSE FEMME...
ON PARTOUZE BEAUCOUP, MA FEMME ET MOI
BEAUCOUP
IL FAUDRA NOUS INVITER UN JOUR...
J'ÉCRIS DES LETTRES OBSCÈNES AUX SPEAKERINES DE LA TÉLÉ
OH... FAITES-M'EN LIRE UNE UN JOUR
SAUF...
J'ADORE SODOMISER LES PETITS GARÇONS...
ON DEVRAIT TOUS VOUS ENFERMER!
BON BON
LES PÉDOPHILES SONT TOUJOURS DES MAUDITS
POURRISSEUR DE JEUNESSE!
IL Y A PEUT-ÊTRE DU VRAI
AH, PARDON...
AUPRÈS DE MOI, UN ENFANT S'ÉPANOUIRA INFINIMENT PLUS QU'AVEC UN PÈRE BUVEUR DE PASTIS
NOUS LIRONS ENSEMBLE LES POÈTES GRECS
QUOIQUE... CULTURE NE VEUT PAS DIRE FORCÉMENT GRANDEUR D'ÂME, SI L'ON EN CROIT JOUHANDEAU...
GIDE, À UN AMI QUI LUI RECOMMANDAIT LA PRUDENCE QUAND IL DRAGUAIT DANS LES JARDINS DE ROME:
MON PRIX NOBEL ME COUVRE...
À ALGER, TOUJOURS GIDE, REMETTANT UN PEU D'ARGENT À UN PETIT ARABE APRÈS L'AVOIR SAUTÉ
TIENS, MON CHÉRI
ET ENSUITE LUI FAISANT LA LEÇON
SAIS-TU AVEC QUI TU AS COUCHÉ?
NON
TU AS COUCHÉ AVEC UN GRAND ÉCRIVAIN FRANÇAIS
AH BON!
ET JE VAIS TE DIRE SON NOM, CELA TE SERVIRA DANS LA VIE, TU DEVRAS T'EN SOUVENIR
PAUL CLAUDEL
AU REVOIR MISSIÉ PAUL CLAUDEL, ET MERCI
VA MON ENFANT
ET, DE PLUS, TOUS LES PÉDOPHILES SONT LOIN D'ÊTRE CULTIVÉS; ON EN RENCONTRE DANS DES MILIEUX TRÈS GROSSIERS...

SUITE
L'AUTRE JOUR, J'AI ENCULÉ UN GASTRONOME EN CULOTTES COURTES
UN BLONDINET TOUT ROSE, GRASSOUILLET ET DODU !...
SALE PÉDÉ !
IL AVAIT LES JOUES AUSSI RONDES QUE LES FESSES, C'ÉTAIT BON, MON VIEUX... C'ÉTAIT BON !
PRRRRLB
ARRÊTE, TU ME DÉGOÛTES !
JE TE JURE, UN COMME ON EN VOIT À LA TÉLÉ DANS LES PUBS POUR PETITS POTS
SALE PÉDÉ !
TU PEUX PAS TE TAPER DES GONZESSES, COMME TOUT LE MONDE ?
CHACUN SES GOÛTS... MAIS RASSURE-TOI, T'ES PAS MON GENRE...
AH, JE ME SUIS RÉGALÉ !
IL ME FAIT DÉGUEULER, CE MEC !
ET LA MERDE, HEIN ? LA QUEUE PLEINE DE MERDE QUAND TU LA RETIRES, ÇA NE TE DÉGOÛTES PAS ?
LA MERDE D'UN PETIT BOUFFI ÉLEVÉ AUX PURÉES DE BANANES, AUX YAOURTS AUX FRAISES ET CRÈME CARAMEL, C'EST PAS DE LA MERDE !
C'EST COMME POUR LES CRABES, TOUT EST BON À MANGER !
REISER

INTERNE DE GARDE
COUCOU!
AH! VOILÀ LA BANDE DE RIGOLOS DU DIMANCHE SOIR!
LA FINE ÉQUIPE QUI S'EST ENFILÉ TOUT CE QU'ON PEUT S'IMAGINER DANS LE TROU DU CUL PENDANT LE WEEK END.
SOUS LES MOTIFS LES PLUS DIVERS.
DU VICE PUR ET SIMPLE AU PARI STUPIDE EN PASSANT PAR "POUR VOIR COMMENT ÇA FAIT".
ON VOIT DE TOUT, ICI. JE TE JURE QU'IL Y A DE QUOI ORGANISER UN CONCOURS!...
C'EST MOI LE GAGNANT
REISER

MOINS DE CRIMES SEXUELS DEPUIS LA VOGUE DU PORNO
LES ASSASSINS ONT LES MAINS OCCUPÉES

LE FESTIVAL DE CANNES VIENT DE SE TERMINER
ON Y A PROJETÉ LES FILMS PORNOS DANS L'INDIFFÉRENCE GÉNÉRALE
C'ÉTAIT BIEN LA PEINE DE NOUS LES INTERDIRE DEPUIS DES ANNÉES
SOUS PRÉTEXTE QUE LA CIVILISATION S'ÉCROULERAIT
ON TROUVE DES CINÉS PORNOS PARTOUT
ET LA CIVILISATION EST TOUJOURS DEBOUT
LAISSEZ LES GENS LIBÉRER LEURS FANTASMES, ET TOUT IRA BIEN!
SUCE-MOI SALOPE!
EXTRA
JAMAIS VU!
PLUS "HARD" QUE JAMAIS
Dépucelée par 10 gros nègres!!!
LEQUEL DES DEUX EST LE MIEUX?
ÇA, JE N'EN SAIS RIEN!
JE N'EN AI VU AUCUN!
VOUS ÊTES CAISSIÈRE DE CINÉMA ET VOUS NE VOYEZ AUCUN FILM?
PAS CEUX-LÀ, EN TOUT CAS!
VOUS AVEZ HONTE? POURTANT, ILS VOUS FONT GAGNER VOTRE VIE...
SI CE N'ÉTAIT PAS LA CRISE...
BON... LEQUEL JE CHOISIS...
C'EST EMBÊTANT DE NE PAS SAVOIR...
ET S'IL N'Y EN AVAIT AUCUN DE BIEN?
BON, FINALEMENT, JE CROIS QUE JE VAIS ME MASTURBER ICI, ÇA M'ÉVITERA DE PERDRE QUINZE FRANCS
ARRÊTEZ IMMÉDIATEMENT OU J'APPELLE LA POLICE!
C'EST ÇA
APPELEZ LA POLICE
DITES-LEUR QU'UN TYPE SE MASTURBE DEVANT VOTRE CINÉMA PORNO
LE TEMPS QU'IL AIENT FINI DE RIGOLER, MOI JE ME SERAI TAPÉ TROIS BRANLETTES!
HMMF HMF HMF
C'EST BROADWAY!
AAAH, ÇA VA MIEUX!
SALIGAUD!
ANORMAL
DÉTRAQUÉ!
REISER

UN DESSERT ORIGINAL...
LA TARTE AUX GRENOUILLES
ON RÉCUPÈRE LES GRENOUILLES...
POUR UN NOUVEAU DESSERT
OH, C'EST ORIGINAL!
REISER

ESSO
ESSO

VINS
PTT

T'AS PENSÉ À FAIRE LIVRER DU MAZOUT ?
OUI MON CHERI
T'AS PENSÉ À FAIRE LIVRER DU VIN ?
OUI MON CHERI
T'AS PENSÉ À FAIRE LIVRER UN GIGOT POUR DEMAIN ?
OUI MON CHERI
T'AS PENSÉ À DEMANDER UN BOTTIN AU FACTEUR ?
OUI MON CHERI
T'AS PENSÉ À FAIRE RÉPARER LE LAVABO ?
OUI MON CHERI
T'AS PENSÉ À FAIRE RÉPARER LA TÉLÉ ?
OH... NON, MON CHERI...
HIN HIN HIN
JE SAVAIS BIEN QUE T'OUBLIERAIS QUELQUE CHOSE...
BEN CE SOIR, AU PLUMARD, TINTIN ! ÇA SERA TA PUNITION.
DOUBLE PUNITION...
REISER

VOUS FAITES PLAISIR,
ET VOILÀ COMMENT ON VOUS
REMERCIE...
REISER

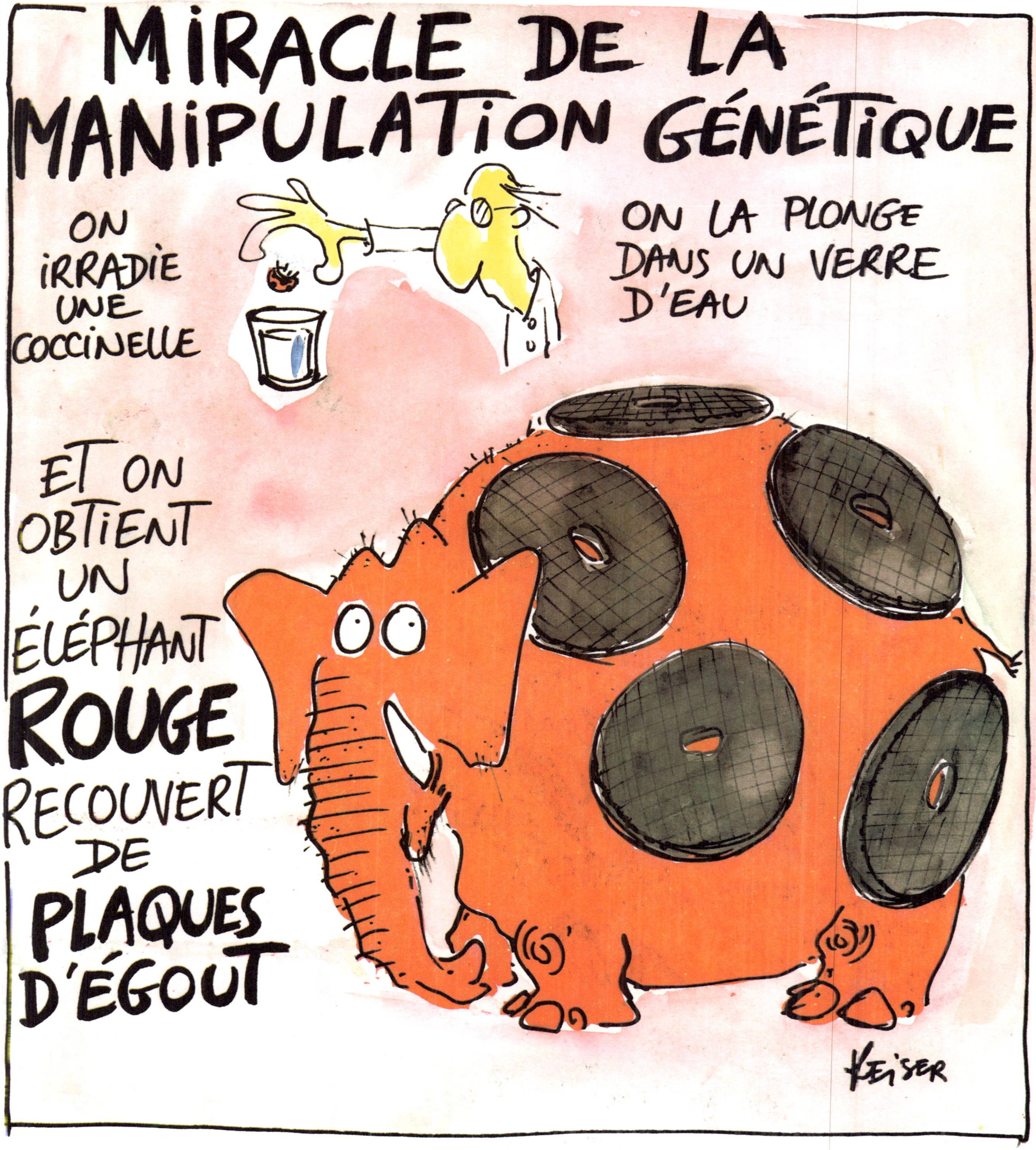
MIRACLE DE LA MANIPULATION GÉNÉTIQUE
ON IRRADIE UNE COCCINELLE
ON LA PLONGE DANS UN VERRE D'EAU
ET ON OBTIENT UN ÉLÉPHANT ROUGE RECOUVERT DE PLAQUES D'ÉGOUT
KEISER

UN MILLE PATTES, C'EST DÉGUEULASSE!
UNE COCCINELLE, ÇA C'EST MIGNON...
FAUT TRANSFORMER TOUS LES MILLE PATTES EN COCCINELLES!
C'EST FACILE
ON PEINT EN ROUGE...
ON MARQUE DES PETITS POINTS...
ET ON COUPE!
REISER

SURPOPULATION, UNE SEULE SOLUTION!

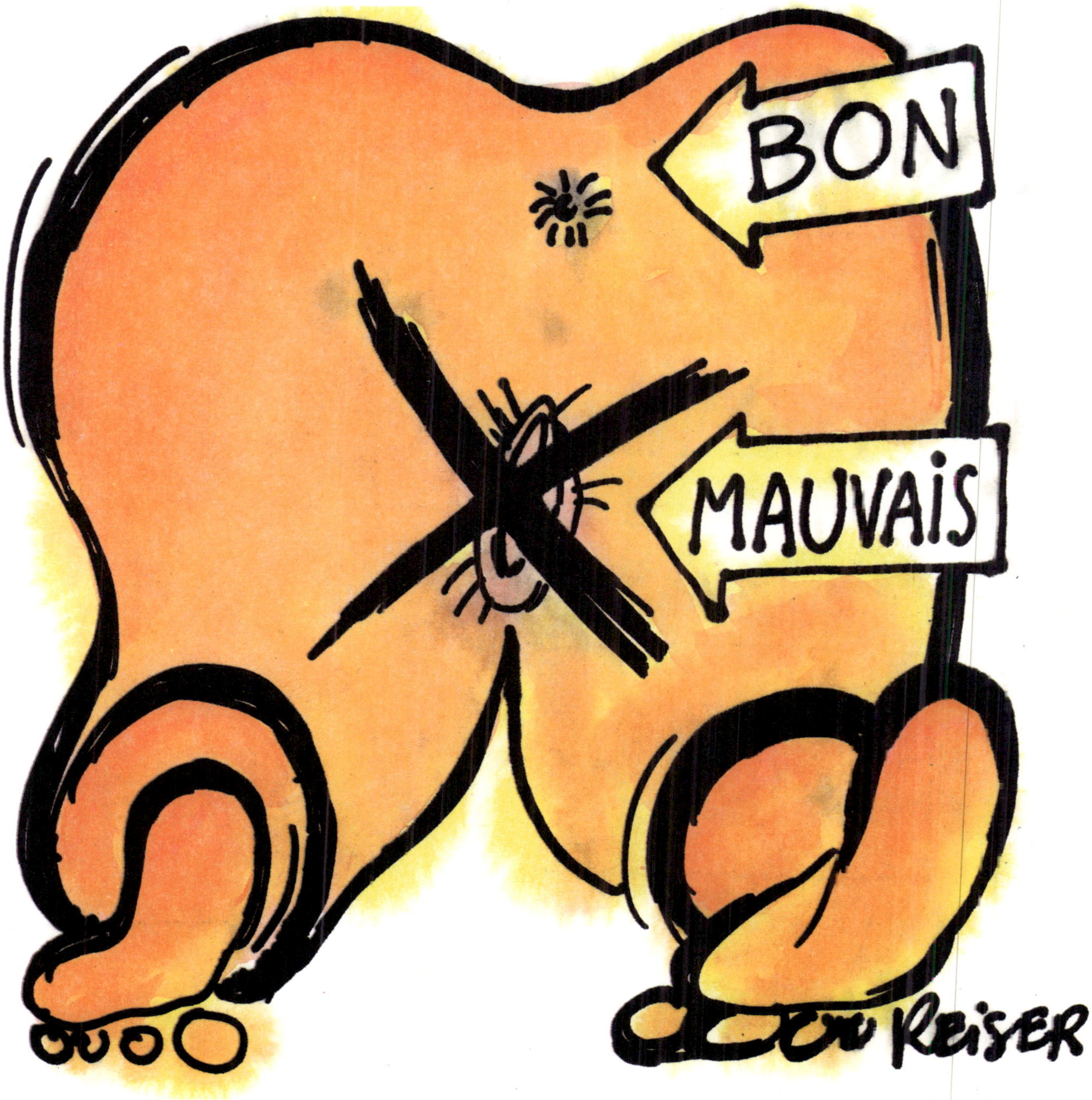

* VOIR EXPLICATION DE CETTE EXPRESSION DANS "ON VIT UNE ÉPOQUE FORMIDABLE" REISER

REISER
À BAS LES AMOURS
DE VACANCES!

TÊTE À CUL

LE MEC DES TROPIQUES : LE SOLEIL LE CHAUFFE TOUTE L'ANNÉE, IL EST NOURRI PAR LES BANANES, LES NOIX DE COCO, LES POISSONS
SITUATION QUI ENGENDRE LA MOLLESSE, LA PARESSE
DANS LE NORD, LE FROID LA GLACE, UN ÊTRE QUI SE LAISSE ALLER CRÈVE !...
...ET DONC NE LAISSE PAS DE DESCENDANCE...
SEUL LAISSERA UNE PROGÉNITURE...
... LE DUR, LE RATIONNEL, LE LOGIQUE
LE BLANC OCCIDENTAL...
BEN, OUI
DANS UN PREMIER TEMPS, ON A CRU QU'IL ALLAIT CONQUÉRIR L'UNIVERS...
PAS DU TOUT !
C'EST LUI QUI VA GAGNER...
?
IL FAIT DIX MÔMES À SA FEMME, C'EST SA DESCENDANCE QUI VA RECOUVRIR LA PLANÈTE
ILS SONT TROIS MILLIARDS. DEMAIN, ILS NOUS SUBMERGERONT !
LES GRECS, LES ROMAINS, L'ARCHITECTURE GOTHIQUE, VERMEER, LES ENCYCLOPÉDISTES, LA MACHINE À VAPEUR, L'ÉLECTRICITÉ...
TOUT ÇA, ENFONCÉ...
...PAR LES COUPS DE QUEUE DONNÉS SOUS LA TÔLE ONDULÉE DU TIERS MONDE !
J'AIME PAS QUAND T'ES VOYEUR !
BRAVO, MON GARS, C'EST TOI QUI AS GAGNÉ !
?
SAVOURONS AU MOINS L'AMERTUME DE NOTRE DÉFAITE
? ? ?
LE SOLEIL EST PAREIL AUX CIVILISATIONS, C'EST LA FIN QUI EST LA PLUS BELLE...
HOOO, ET PUIS POURQUOI, APRÈS TOUT ?
POURQUOI LA DÉFAITE ?
ALLEZ, ENLÈVE TON STÉRILET-BARBELÉ À FŒTUS, JE TE REMPLIS LE VENTRE ET ON RECOMMENCE À ZÉRO !
CHICHE !
REISER

LÂ-DEDANS
IL Y A
PEUT-ÊTRE
UN PETIT
MOZART
QUI PAIERA VOTRE RETRAITE
REISER

SURPOPULATION
LIGATUREZ LES TROMPES!
A É CONS!

Á BAS MISS GUERRE!
REISER

... SI EN PLUS ILS FONT DES PETITS, ON N'A PAS FINI DE LES VOIR !...
REISER

SHAMPOOING MONGOL

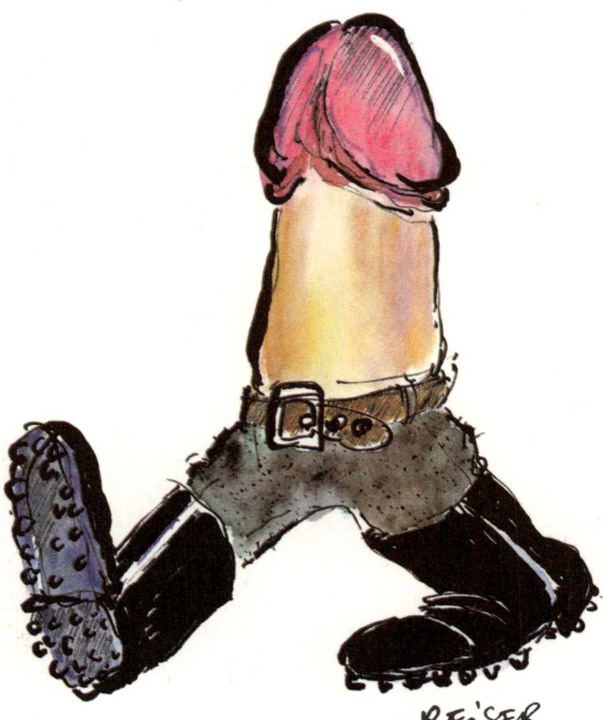
REISER

CLAP
CLAP
CLAP
REISER

GRÈVE DES ÉBOUEURS
J'AI ENVIE QUE TU ME FASSES L'AMOUR SUR LES POUBELLES
ÇA RECOMMENCE
A CHAQUE GRÈVE DES ÉBOUEURS, C'EST PAREIL !
CES GROS TAS DE DÉTRITUS, ÇA ME DONNE ENVIE DE ME ROULER DESSUS
JE SUPPOSE QUE C'EST POUR ÇA QUE TU AS MIS TON MANTEAU NEUF ?...
COMME TU ME CONNAIS BIEN, MON CHÉRI...
ON VA EN CHERCHER UN BIEN GROS, BIEN GRAS...
ÇA VA PAS ÊTRE DUR, PAR LES TEMPS QUI COURENT...
OH LÀ BAS !... ET JUSTE SOUS UN LAMPADAIRE ÉTEINT...
FAIS VITE PENDANT QU'IL N'Y A PERSONNE
SI TU CROIS QUE C'EST FACILE DE BANDER DANS CES CONDITIONS...
HOOO OUI OUI C'EST BON C'EST BON !
HÉÉÉÉ!
BADADUNG
CONTINUE ! J'AI JAMAIS JOUI COMME ÇA !
BHEUAAA
Y A UN TRUC TOUT GLUANT QUI ENTRE DANS MON PANTALON...
C'EST RIEN, C'EST DU SPERME
MAIS NON Y EN A AU MOINS DEUX LITRES !
C'EST ÇA, METS-M'EN DEUX LITRES !
AAAAH COMME JE ME SENS BIEN...
QUAND JE PENSE QUE J'AI CHANGÉ DE SLIP PARCE QUE JE DEVAIS TE VOIR...
MON PAUVRE CHÉRI... AVEC LA CONJONCTURE ACTUELLE, ON NE SAIT PLUS COMMENT S'HABILLER
T'ES CON !
REISER

NOËL PALEO

DING DONG
LES CHRÉTIENS QUI N'ADMETTENT PAS QU'ON FÊTE NOËL DANS L'ORGIE... SONT GONFLÉS!...
LA FÊTE DE FIN DÉCEMBRE EXISTAIT DÉJÀ AU PALÉOLITHIQUE.
ON IMAGINE L'HIVER À CETTE ÉPOQUE... LA LUMIÈRE QUI DIMINUE UN PEU PLUS CHAQUE JOUR, LE FROID QUI AUGMENTE... PLUS RIEN À BOUFFER, LE MONDE SOMBRE DANS LES TÉNÈBRES GLACÉES
ET TOUT À COUP.... VERS LE 25 DÉCEMBRE, LE SOLEIL QUI REVENAIT, TIMIDEMENT, MAIS UN PEU PLUS CHAQUE JOUR
HUNK?
GROUÎÎÎK
LA GRANDE FIESTA COMMENÇAIT AUTOUR DU FEU, AVEC POUR LA DÉFONCE QUELQUES AMANITES TUE-MOUCHE SÉCHÉES* OU AUTRE CHOSE SI ON N'AVAIT PAS D'ALCOOL...
ALORS ON ALLAIT VOIR REVENIR L'HERBE, LES FRUITS, LES OISEAUX, LES PAPILLONS... ET LA CHALEUR!... BORDEL DE MERDE, FAUT FÊTER ÇA!
LA "PARTOUZE" DE FIN D'ANNÉE EXISTAIT DES MILLÉNAIRES AVANT LES CHRÉTIENS. LA FÊTE A ÉTÉ ENTIÈREMENT RÉCUPÉRÉE PAR EUX
QU'ILS NE S'ÉTONNENT PAS QU'ELLE RETOURNE À SES ORIGINES DÈS QUE L'AUDIENCE DE L'ÉGLISE BAISSE...
REISER
* C'EST ENCORE AVEC ÇA QUE CERTAINES PEUPLADES DE SIBÉRIE S'ENVOYAIENT EN L'AIR IL N'Y A PAS LONGTEMPS.

PFRRRÛÛP
REISER

VIVE L'HIVER
LES AMANTS, ILS AIMENT ÇA... CEUX QUI SE FONT DES CHOSES DANS LES VOITURES, LE SOIR, À LA SORTIE DES BOULOTS
VIVE LE FROID
PLUS IL NEIGE, MOINS IL Y A DE MONDE DANS LES RUES...
VIVE LA NEIGE
PLUS IL FAIT FROID PLUS IL Y A DE BUÉE SUR LES VITRES, ON PEUT OSER ENCORE PLUS DE CHOSES...
VIVE LE BROUILLARD
ET SI EN PLUS ON A LE BROUILLARD, C'EST PARFAIT POUR LES AMANTS, ILS PEUVENT TOUT SE PERMETTRE...
REISER

HOTEL
HOTEL
REISER

IL EST MINUIT, DOCTEUR SCHWEITZER!
OH, ENCORE UN PETIT COUP!
REISER

LE DIVIN ENFANT

TORTUES, TAPEZ-VOUS DES HÉRISSONS !

CADEAUX COCHONS

LE RETOUR DU FETARD

Cet album a été achevé d'imprimer
en février 1988
sur les presses de Canale à Turin
pour les Éditions Albin Michel.

Dépôt légal : Mars 1988
Numéro d'édition : 9889
Imprimé en Italie